SCHRIFTEN AUS DEM GESAMTGEBIET DER GEWERBEHYGIENE
HERAUSGEGEBEN VON DER DEUTSCHEN GESELLSCHAFT FÜR GEWERBEHYGIENE
IN FRANKFURT A. M., PLATZ DER REPUBLIK 49
HEFT 43

Die schwere Staublunge in der Versicherungsgesetzgebung

Ein Beitrag zu ihrer Beurteilung auf Grund der Funktion im Vergleich zum Röntgenbefund

Von

Dr. Erich Beintker

Gewerbemedizinalrat · Münster i. W.

Mit 14 Abbildungen

Springer-Verlag Berlin Heidelberg GmbH
1933

ISBN 978-3-662-34317-3   ISBN 978-3-662-34588-7 (eBook)
DOI 10.1007/978-3-662-34588-7

Aus der gewerbehygienischen Forschungsabteilung des
hygienischen Institutes der Universität Münster.
(Direktor Professor Dr. Jötten.)

Vorwort.

Die Erfahrungen, die ich bei eigenen Untersuchungen sowie bei der Durchsicht der mir übersandten Gutachten gemacht habe, haben mir gezeigt, daß in bezug auf die versicherungsrechtliche Beurteilung der Staublunge starke Differenzen zwischen den einzelnen Gutachtern bestehen. Insbesondere fällt auf, daß, wie in der Literatur, so auch bei der Begutachtung die Beschreibung des Röntgenbildes als ausreichend angesehen wird und daß auch die Versicherungsträger sich zum Teil mit dieser Angabe begnügen. Demgegenüber tritt die Schilderung des Funktionsausfalles völlig zurück. Diese Auffassung erscheint mir aus einer falschen Überlegung hervorzugehen, weil im Versicherungsrecht nicht die anatomische Unfallfolge, sondern der funktionelle Ausfall entschädigt wird, wie überhaupt die Medizin nicht die Behandlung von anatomischen, sondern von funktionellen Veränderungen bezweckt. So wird eine Rente nicht für den Verlust eines Beines, sondern für die dadurch bedingte Herabminderung der Erwerbsfähigkeit gewährt. Diese Auffassung gilt auch für die Berufskrankheiten. Nicht die durch die Krankheit gesetzte anatomische Veränderung, sondern die Funktionsbehinderung ist die Grundlage für die versicherungsrechtliche Beurteilung der Krankheit.

Bei dem Verlust von Gliedmaßen kann man bekanntlich Beziehungen zwischen dem Verlust der Gliedmaßen und dem Funktionsausfall finden (vgl. den Rentenmann von Liniger usw.), und es war zu erörtern, ob diese Beziehungen auch zwischen dem Röntgenbild und dem Funktionsausfall bei der Staublunge bestanden. Es hat sich mir die Überzeugung aufgedrängt, daß die Differenzen doch derart groß sind, daß eine Abhängigkeit des Funktionsausfalles vom Röntgenbild nicht besteht. Die Krankheitserscheinungen bei der schweren Staublunge, d. h. die Störungen des Gasstoffwechsels sind nicht anatomisch, sondern physiologisch bedingt, was ich zu beweisen versuche. Wie die einzelnen Vorgänge in der Lunge sind, habe ich durch theoretische Betrachtungen klarzustellen versucht. Ob sich die Vorgänge tatsächlich so abspielen, ist nicht sicher. Wenn aber die Störungen bei der Staublunge, wie ich annehme, physiologisch bedingt sind, dann ist auch der Glaube an die schicksalsmäßige Entwicklung der Staublunge hinfällig. Es werden also Versuche zu machen sein, nicht die Bindegewebsentwicklung in der Lunge, sondern die Herabsetzung der Funktion therapeutisch zu beeinflussen. Derartige Versuche sind bisher wegen des fatalistischen Standpunktes gegenüber der Staublunge nicht systematisch durchgeführt, sie erscheinen mir aber theoretisch begründet.

Zweck der vorliegenden Arbeit ist es, der funktionellen Betrachtungsweise der Staublunge den ihr gebührenden Platz zu verschaffen.

Für die Beurteilung der Röntgenbilder aus den Augustakranken-
anstalten in Bochum bin ich Herrn Prof. Dr. Böhme zu größtem Dank
verpflichtet, ebenso auch Herrn Prof. Dr. Jötten dafür, daß er mir
Arbeitsräume und Mittel des hygienischen Instituts der Universität
Münster zur Verfügung gestellt hat.

Münster i. W., im Dezember 1932.

E. Beintker.

Inhaltsverzeichnis.

Erster Teil

Zusammenfassende Erhebungen.

Wenn auch die Erkenntnis schon uralt ist, daß Arbeit im Staub Lungenerkrankungen hervorruft, so ist es doch erst den Fortschritten des letzten Jahrzehntes auf dem Gebiet der Röntgentechnik gelungen, die Kenntnisse vom Wesen und Entstehung der Staublunge erheblich zu vertiefen, ihre Beziehungen zur Tuberkulose näher zu beobachten und das Bild der reinen Staublunge von dem der Tuberkulose zu trennen. Es sind freilich auf diesem Gebiet noch sehr viele Fragen zu klären, z. B. ist es durchaus nicht sicher, ob die reine Staublunge ohne Mitwirkung von tuberkulösen Einwirkungen zustande kommen kann. Da wir, wie gesagt, die Fortschritte in der Erkenntnis der Staublunge in erster Linie der Röntgentechnik verdanken, so ist es nicht weiter wunderlich, daß sich alle Forschungen auf die Veränderungen im Röntgenbild bezogen und daß die klinischen Erscheinungen um so mehr vernachlässigt wurden, als es ein eindeutiges klinisches Bild der Staublunge nicht gibt. Alle Erscheinungen, die bei Staublunge bestehen, können auch bei anderen Erkrankungen der Atmungsorgane auftreten, und nur das Röntgenbild verschafft Klarheit darüber, daß eine Staublunge vorliegt, d. h. daß in der Lunge die Vermehrungen des Bindegewebes vorliegen, die für Staublunge typisch sind. So wurde in der Legion von Veröffentlichungen, die ich hier nicht alle im einzelnen aufzählen will, der klinische Befund stiefmütterlich behandelt. Das Röntgenbild wurde mit Hilfe der hochentwickelten Technik in seinen Einzelheiten schärfer, es wurde immer genauer durchforscht, so wurde z. B. Röntgenbild und Vorgeschichte verglichen und versucht, aus dem Röntgenbild die Art des Staubes zu erkennen, durch die die Staublunge verursacht worden war.

Analog der Turbanschen Einteilung der Tuberkulose unterschied man auch in dem Röntgenbild der Staublunge drei Grade. Die Unterteilung der einzelnen Grade differiert im einzelnen in der Literatur in geringem Grad. Ich führe hier nur die 1930 auf der internationalen Silikosekonferenz (51) angenommenen Bezeichnungen an, die etwa der von Kaestle und Kölsch (30) aufgestellten Einteilung entsprechen. „Im ersten Stadium weist das Röntgenbild eine feine Fleckung der Lungenfelder auf, Krankheitserscheinungen fehlen und sind sehr gering. Die Erwerbsbeschränkung wird auf 0—25% geschätzt.

Das zweite Stadium ist durch ausgesprochene Fleckung beider Lungenfelder mit Neigung zum . Zusammenfließen gekennzeichnet. Klinisch macht sich Atemerschwerung bei der Arbeit geltend. Erwerbsbeschränkung etwa 30—55%.

Im dritten Stadium weist das Röntgenbild ausgedehnte massive Lungenverdichtungen auf, es bestehen ausgeprägte Krankheitserscheinungen. Die Erwerbsbeschränkung wurde auf 60—100% geschätzt."

Eine derartige Einteilung ist für die Beurteilung des Röntgenbildes als zweckmäßig anzusehen und die Unterscheidung dieser Stadien als leicht, mittelschwer und schwer war gleichfalls ohne Bedenken, solange man sich darüber klar war, daß „Röntgenbefund" zu ergänzen war und nicht Krankheitserscheinungen. Dieser durchaus notwendige Vorbehalt ist aber in der Silikosekonferenz nicht gemacht worden, da hier den Veränderungen des Röntgenbildes bestimmte Grade von Erwerbsbeschränkung zugeordnet werden.

Besser erscheint für die Beurteilung des Röntgenbildes die Einteilung von Ickert (25). Er unterscheidet:

Lineare Zeichnung
 Arborisation oder Besenreiserzeichnung,
 Marmorierung,
 Regenstraßen.
Fleckig zarte Zeichnung und Tüpfelung
 weiche, mittelharte, harte Zeichnung,
 feine, deutliche grobe Fleckung.
Ballung klein, mittelgroß, groß.

Die Bezeichnung hat den Vorteil, daß sie nur das anatomische Bild wiedergibt und kein Urteil über Zusammenhänge oder über die Schwere der Krankheit fällt.

Durch die Verordnung über die Ausdehnung der Unfallversicherung auf Berufskrankheiten vom 11. Februar 1929 wurde die schwere Staublunge als Berufskrankheit in ihrer rechtlichen Stellung den Unfällen gleichgesetzt. Nun wurde die Behauptung aufgestellt, nur eine Staublunge, die im Röntgenbild schwere Veränderungen aufwiese, sei als Berufskrankheit anzusehen und nach diesem Grundsatz wurde namentlich von den Röntgenologen die Beurteilung durchgeführt. Nur eine Staublunge dritten Grades sollte als schwer angesehen werden und strittig blieb allenfalls, ob z. B. das Bild des sogenannten Schneegestöbers schon als schwere Staublunge angesehen werden sollte oder ob dazu das Auftreten von Zusammenfließen und schwartigen Veränderungen in der Lunge gehörte. So führte Lochtkemper (38) aus: „Es scheint mir nicht gerechtfertigt, das Schneegestöber, das in bezug auf subjektive Beschwerden und Arbeitsunfähigkeit sich ebenso auswirken kann wie die tumorartige Form, als mittlere im Gegensatz zur schweren Silikose zu bezeichnen usw."

Die Betonung des anatomisch-röntgenologischen gegenüber dem klinischen Befund tritt uns auch in dem Kommentar von Bauer, Engel, Koelsch, Krohn (2) entgegen, wo S. 233 ausgeführt wird:

„Nur schwere Staublungenerkrankungen kommen als entschädigungspflichtige Berufskrankheiten in Frage. Als eine schwere Gesteinsstauberkrankung wird anzusehen sein eine durch Ablagerung von kieselsäurehaltigem Gesteinsstaub hervorgerufene Schwielenbildung in den Lungen, bei der beide Lungen annähernd gleichmäßig von grobknotigen, mindestens erbsengroßen Schwielen durchsetzt sind. Sie ist nur im Röntgenbilde durch teils rundliche, teils mehr flächenhafte Verschattungen nachweisbar und äußert sich klinisch durch Kurzatmigkeit infolge Lungenstarre, unter Umständen mit Rückwirkungen auf den Kreislauf bis zu ausgesprochenen Erscheinungen der Herzinsuffizienz."

Gegen diese Auffassung habe ich mich bereits im Mai 1929 auf der Konferenz der amtlichen deutschen Gewerbeärzte gewandt und habe in einer Veröffentlichung (3) betont, daß der Begriff schwere Staublunge im versicherungsrechtlichen Sinne als funktionell zu betrachten sei. Der Begriff der Einschränkung der Erwerbsfähigkeit erschien mir nicht ausreichend. Für die Beurteilung von Bergleuten genügte er, ich beobachtete jedoch Sandsteinschleifer, die in ihrer eineinhalbstündigen Mittagspause wegen ihrer Kurzatmigkeit nicht imstande waren, einen Weg von 1 km zu ihrer Wohnung zurückzulegen, aber trotzdem bei der gewohnten Arbeit keine merkliche Lohneinbuße hatten. So versuchte ich, den Begriff des Siechtums nach § 224 des Strafgesetzbuches heranzuziehen. Man wird allerdings besser den Begriff der Arbeitsfähigkeit auf dem allgemeinen Arbeitsmarkt anwenden können. Dieser funktionelle Standpunkt, wie ich ihn im Gegensatz zu den anatomischen des Röntgenbildes bezeichnen will, hat sich allgemein durchgesetzt. So sagt ein Urteil des Reichsversicherungsamtes vom 25. Febr. 1930 (47): „Der Wortlaut der Verordnung bietet keine Anhaltspunkte dafür, daß eine Staublunge nur dann als schwer angesehen werden dürfe, wenn die besonderen Kennzeichen des sogenannten dritten Stadiums sowohl röntgenologisch, wie klinisch nachzuweisen sind ... Deshalb wird eine Silikose auch dann als schwer zu gelten haben, wenn zwar röntgenologisch noch nicht das dritte Stadium nachzuweisen ist, klinisch sich aber schon schwere Krankheitserscheinungen der der Silikose eigentümlichen Art feststellen lassen." Und ebenso im Urteil vom 20. Okt. 1930 (46): „Auch schwere silikotische Veränderungen im Röntgenbild allein erfüllen nicht den gesetzlichen Begriff der schweren Staublungenerkrankung, solange sie die Leistungsfähigkeit der Lunge und Herz nicht oder nur vorübergehend beeinträchtigen." Auch Reichmann (43) sagt: „Haben wir also Symptome, die die Funktion der Lungen deutlich und zweifelsfrei beeinträchtigen und sind wir sicher, daß sie keine andere Ursache haben, so liegt meines Erachtens auch eine schwere Silikose im Sinne des Gesetzes vor, selbst auch einmal dann, wenn das röntgenologisch schwere Stadium noch nicht voll erreicht ist." Wenn Reichmann auch diesen Fall offenbar als Ausnahme ansieht, so ist damit die Anerkennung des funktionellen Standpunktes in der Beurteilung der schweren Staublunge ausgesprochen.

Da also der Begriff der schweren Staublunge im Sinne der RVO. nach den vorhergegangenen Ausführungen als rein funktionell aufzufassen ist, ergab sich weiter die Frage, ob dem Röntgenbefund ein bestimmter Funktionsausfall zwangsläufig entsprechen muß, ob also die Veränderungen, die im Röntgenbilde sichtbar sind, den Funktionsausfall bedingen, oder ob diese beiden Vorgänge voneinander unabhängig sind und nur ein gewisses Parallelgehen derselben festgestellt werden kann.

In der Zeit, als die grundlegenden Forschungen über die Steinstaublunge angestellt wurden und die Verordnung noch nicht in Kraft getreten war, ist wiederholt betont worden, daß im Röntgenbild ganz erhebliche Veränderungen bestanden, während der körperliche Befund nur wenig beeinträchtigt war. (Vgl. Böhme, 6—8, Reichmann, 44.)

Auch aus theoretischen Erwägungen heraus erscheint zweifelhaft, ob die den Verschattungen im Röntgenbild entsprechenden anatomischen Veränderungen die Beschwerden und die Verminderung der Funktionsfähigkeit bedingen. Uns wird die folgende Frage zu beschäftigen haben: „Wird die Herabsetzung der Funktion durch die Veränderungen bedingt, die wir im Röntgenbild sehen oder wird sie durch die nicht als Verschattung sichtbaren Veränderungen des Lungengewebes hervorgerufen? Können wir aus dem Röntgenbild erkennen, wie weit noch funktionstüchtige Gewebe vorhanden ist?

Es ist bekannt, daß die Lungen einen erheblichen Überschuß an Funktionsgewebe haben und daß man die Hälfte der Lunge und noch mehr vom Atmungsprozeß ausschalten kann, ohne daß deutliche Ausfallerscheinungen auftreten. Es ist daher nicht anzunehmen, daß die als Verschattung sichtbare Bindegewebsvermehrung den Funktionsausfall hervorruft, der Ausfall muß vielmehr auf anderen Ursachen beruhen, die die Funktion ungünstig beeinflussen. Zur Erklärung wird darauf hingewiesen, daß die Luft beim Eindringen in die durch Verwachsungen verengten Bindegewebsäste auf einen erheblichen Widerstand stößt. Auch soll durch die Bindegewebsbildung die Atmungsfläche kleiner werden und als Folge Emphysem eintreten (v. Döhren, 17). Die Einschränkung des Querschnittes der Luftwege halte ich nicht für bedeutungsvoll, es würden dann im pathologischen Befund öfter Atelektasen vorhanden sein. Viel mehr dürfte das Emphysem die Funktion der Lunge beeinträchtigen. Die emphysematösen Veränderungen sind aber auf dem Röntgenbild nicht ohne weiteres zu erkennen, weil sich das Emphysem bei der Staublunge wesentlich anders verhält als das gewöhnliche Emphysem. Bei diesem tritt durch die Vergrößerung der einzelnen Lungenbläschen eine Ausdehnung der gesamten Lunge auf. Dabei wird die Atmungsfläche nicht in dem gleichen Grade vermehrt, da die Oberfläche der Lungenbläschen, die für die Atmung in Betracht kommt, sich nur in quadratischem, der Luftinhalt sich im Kubikverhältnis vermehrt. Auch die Lungenkapillaren vermehren sich nicht, so daß eine bessere Durchlüftung des Blutes nicht stattfindet, auch wenn der alveoläre Luftwechsel normal wäre. Die Volumzunahme kann aber die Staublunge nicht allgemein betreffen, sondern nur stellenweise auftreten, die Dehnungsfähigkeit der Lungen hängt von der Bindegewebsbildung ab, die Schrumpfungstendenz steht im Gegensatz zu der Ausdehnung durch Blähung. Auch kommt die Verteilung des Bindegewebes sehr wesentlich zur Geltung, im Sektionsbefund sehen wir bei der Schwielenlunge oft örtliche starke Emphysemblasen, während bei einer allgemeinen Veränderung des Bindegewebes wohl die Bläschen im einzelnen Kennzeichen des Emphysems zeigen, aber eine Volumzunahme der gesamten

Lunge nicht stattfindet. Ein typisches Bild ist die Asbeststaublunge, in der die geblähten Läppchen überall durch vermehrtes Bindegewebe an ihrer Ausdehnung verhindert werden. Die Bindegewebsvermehrung wird hier durch die in das Gewebe verteilt eingelagerten Asbestteilchen hervorgerufen. (Beintker, 4.)

Ebenso wird die anatomische Verteilung des vermehrten Bindegewebes bei der Steinstaublunge durch die Verteilung der einzelnen Kieselsäureteilchen bedingt. Erkennbar sind nur die knotigen Verdickungen, und je ausgeprägter diese sind, um so ausgeprägter ist auch das Röntgenbild. Da der andere Grenzfall einer diffusen Verteilung, nämlich die Asbeststaublunge, bei der die Kieselsäure erst im Gewebe durch Zersetzung der Asbestfaser entsteht und zur Wirkung gelangt, keine knotige, sondern eine diffuse Vermehrung des Bindegewebes zeigt, ist diese Art der Staublunge im Röntgenbild viel weniger charakteristisch. Eine ähnliche Staublungenveränderung scheint mir der zum Streuen in den Gruben benutzte Gesteinsstaub bewirken zu können, einen derartigen Fall werde ich im zweiten Teil meiner Veröffentlichung besprechen. Die beiden Komponenten der Staublunge, das Emphysem einerseits, die Bindegewebsvermehrung andererseits stehen im Röntgenbild im Gegensatz, das eine hellt auf, das andere verdunkelt. Dieser Gegensatz tritt bei der knotigen Form der Staublunge oft in Erscheinung, die Seitenteile der Mittelfelder sind dicht verschattet, die Teile neben den Lungenwurzeln und die Unterlappen sind dagegen aufgehellt, so daß dort die Zeichnung ausgelöscht wird. So kann bei einer feinknotigen Fibrose die Zeichnung verschwinden und nicht in dem Grade zur Geltung kommen, wie tatsächlich anatomische Veränderungen vorhanden sind. (Vgl. auch Böhme-Lucanus, 13, 14.) Ein derartiger Fall wird unten noch ausführlich besprochen.

Über die Entstehung des Emphysems macht Tendeloo (59) sehr beachtenswerte Ausführungen. Lungenteile, die an einer oder mehreren Seiten mit festen Teilen zusammenhängen, sind weniger dehnbar als andere Teile, die an allen Seiten von gleich dehnbarem Lungengewebe umgeben sind. Komplementäres Emphysem unterscheidet sich nicht von selbständig entstehendem Emphysem. Es ist jede statische oder respiratorische, örtlich beschränkte Überdehnung von Lungengewebe Folge eines örtlich beschränkten Raumes. Ein sich verkleinernder Teil (z. B. Schrumpfung) übt einen Zug auf die Umgebung aus, es entsteht kein Vakuum, sondern die ringsum liegenden Lungenbläschen vergrößern sich.

Verf. möchte bei dieser Gelegenheit betonen, daß der häufig gehörte Ausdruck „vikariierendes Emphysem" Folge eines Denkfehlers ist. Vikariieren bedeutet, für einen Ausfall eintreten. Das tut diese Art von Emphysem nicht, im Gegenteil, sie verschlimmert den Zustand der Atembeschränkung. Ja das „vikariierende Emphysem" kann sogar die Ursache des Funktionsausfalles sein. Die gleichen Bedenken habe ich gegen den Ausdruck „kompensierender Emphysem". Man kann hier freilich sagen, das Emphysem wirkt insofern kompensierend, als es einen leeren Raum ausfüllt, aber meines Erachtens ist mit dem Begriff der

Kompensation ebenfalls der Ersatz einer ausfallenden Tätigkeit verbunden. Der angewandte, sachlich das Richtige treffende Ausdruck Emphysem e vacuo widerspricht dem Sprachgefühl als griechischlateinische Mischform. Man wird am besten von einem Dehnungs- oder Zugemphysem im Gegensatz zum Blähungsemphysem sprechen.

Durch derartiges Emphysem können die in der Umgebung befindlichen verdichteten Teile weggeleuchtet werden. Auch Husten (20) weist auf das häufige Emphysem bei Staublungen hin, er hat auch bei Bergleuten schwere emphysematöse Veränderungen ohne knotige Bindegewebsanhäufungen feststellen können. Es bestand eine allgemeine Vermehrung des Bindegewebes an Bronchien und Arterien, Verbreiterung der Interalveolarsepten. Er geht sogar so weit, daß er behauptet, eine Knotenbildung sei stets Folge von Tuberkulose. Es liegt auf der Hand, daß derartige Lungen nicht das typische Röntgenbild der Silikose aufweisen.

In diesem Zusammenhang sei auch darauf hingewiesen, daß auch infolge der Staubeinwirkungen Veränderungen im Sinne der sogenannten Brauerschen Pneumonose auftreten können. Nach Schjerning (53) bezeichnet Brauer als Pneumonose eine isolierte Schädigung des atmenden Epithels im Sinne einer verringerten Gasdurchlässigkeit, die eine erhebliche Funktionsstörung zur Folge haben kann. Vielleicht spielen diese Veränderungen nach Schjerning auch eine Rolle beim Emphysem, da hier außer der mechanischen Wirkung noch entzündliche Prozesse im Gange sind, die einen degenerativen Einfluß auf das Alveolarepithel haben dürften. Man kann sich auch sehr wohl denken, daß auch die dauernde Einwirkung von Kieselsäure in diesem Sinn wirken kann.

Es geht aus den vorstehenden Ausführungen hervor, daß die Einschränkung der Lungenfunktion auf Veränderungen beruht, die von den Verdichtungen selbst unabhängig sind. Es kann wohl eine durch die Staublunge bedingte Funktionsschädigung bedeutenden Ausmaßes vorhanden sein, wenn das Röntgenbild nur einen geringen Befund zeigt. Auch Stetter (54) warnt vor Überschätzung des Röntgenbildes. Im ganzen steht aber bei der Beurteilung des versicherungsrechtlichen Befundes bei den Staublungen das Röntgenbild durchaus im Vordergrund. Theoretisch durchaus mit Unrecht, nicht die sichtbaren, sondern die im Röntgenbild nicht erkennbaren Lungenveränderungen bewirken die Funktionsstörungen. In der Praxis tritt dieser Gegensatz freilich nicht so deutlich in die Erscheinung. Das Emphysem ist vom Bindegewebe und seiner Verteilung abhängig und im ganzen gehen die sichtbaren Erscheinungen und die Funktionsausfälle parallel. Aber dies Verhalten ist nur die Regel. Es gibt davon recht häufig Ausnahmen.

Es erschien mir daher erwünscht, die von mir untersuchten Fälle von Staublungen bzw. von Staublungenverdacht einmal zusammenhängend unter dem Gesichtspunkt zu besprechen, wie weit klinischer und Röntgenbefund parallel gehen.

Zunächst wird einmal ein Überblick über das vorhandene Material gegeben, dann werden Einzelfälle zur Darstellung gelangen, bei denen Funktion und Röntgenbild erhebliche Differenzen zeigen.

A. Übersicht über die Untersuchten.

Wie bei jeder Berufskrankheit, so ist auch bei der Feststellung der Staublunge die Erhebung einer möglichst genauen Vorgeschichte erforderlich. Wenn der Untersucher eine genaue Kenntnis der Betriebsvorgänge besitzt, wird er auch dann, wenn er nur auf die Angaben des Untersuchten angewiesen ist, erkennen können, wie weit dieser der Einwirkung von Kieselsäurestaub ausgesetzt war. Gegebenenfalls wird eine Nachprüfung in der Arbeitsstätte erforderlich sein, unter Umständen können auch Staubbestimmungen notwendig werden, soweit nicht derartige Bestimmungen aus gleichartigen Betrieben vorliegen. Es wird nicht immer genügend beachtet, daß auch Betriebsvorgänge, die an sich als ungefährlich gelten, eine Staublungenerkrankung hervorrufen können, wenn die Gelegenheit zur Einatmung von Quarzstaub zwar nicht durch die Werkzeuge, aber durch die Art des bearbeiteten Materials oder auch die Verhältnisse an dem Arbeitsplatz bedingt ist. Ich denke hier in erster Linie an die Arbeit an Schmirgelsteinen, wenn das bearbeitete Material z. B. vom Gießen her noch durch Sandteilchen verunreinigt ist. Es erscheint daher falsch, wenn einzelne Berufsgenossenschaften grundsätzlich die Möglichkeit der Entstehung einer Staublunge durch Arbeiten am Schmirgelstein ablehnen. Bei der Staublunge der Bergarbeiter im Ruhrbergbau ist eine derartige Nachprüfung weder erforderlich noch möglich, da diese Arbeiter während ihrer Beschäftigung sehr verschiedenen Staubarten ausgesetzt sind.

Es sind von mir insgesamt 450 Arbeiter untersucht, davon waren 338 Bergleute und 112 sonstige Arbeiter. Die Bergleute stammten sämtlich aus dem Ruhrgebiet. Von den anderen Arbeitern waren zusammen 75 in der Eisenindustrie beschäftigt. Diese Betriebe fallen nicht unter die Ziffer 16 der Anlage zur Verordnung über die Ausdehnung der Unfallversicherung auf Berufskrankheiten vom 11. Febr. 29. Es waren dies 13 Gußputzer, die mit Preßluftgeräten putzen und bei dieser Arbeit dem Sandstaub mehr oder weniger ausgesetzt sind, 30 sonstige Arbeiter in der Gießerei, insbesondere Former, 22 Sandstrahlbläser, 10 Arbeiter, die an Schmirgelsteinen schliffen. Die sonstigen Arbeiter waren zwölf Schleifer an Sandsteinen, 13 Steinhauer und Steinmetzen in Sandsteinbrüchen, 4 Arbeiter in der keramischen Industrie und 8 Arbeiter in der sonstigen Industrie.

An schwerer Staublunge im Sinne der Verordnung bzw. der oben angeführten Entscheidungen des Reichsgerichts waren erkrankt:

192 Bergleute, 27 sonstige Arbeiter, zusammen 219.

Die von mir untersuchten Arbeiter zeigen in ihrer Zusammensetzung gegenüber den Arbeitern, die Reichmann (44) untersucht und als Grundlage für seine Feststellungen benutzt hat, grundlegende Unterschiede. Reichmann hat sehr viel Rückwirkungsfälle untersucht, d. h. Arbeiter, die bereits beim Inkrafttreten der

Verordnung am 1. Jan. 1929 schon längere oder kürzere Zeit invalide waren und keine bergmännische Arbeit verrichtet hatten. Von mir sind Rückwirkungsfälle nur in verschwindender Zahl untersucht worden, vielmehr hatten die Arbeiter bis kurz vor der Untersuchung noch bergmännische Arbeit verrichtet und hatten den Antrag auf Feststellung wegen Berufserkrankung erst vor ganz kurzer Zeit gestellt, als sie sich für die Verrichtung bergmännischer Arbeit nicht fähig fühlten oder als ihnen die Arbeit auf Grund der von der Knappschaft vorgenommenen Untersuchung der Steinhauer untersagt wurde. Zum großen Teil waren sie noch bis zuletzt im Gedinge beschäftigt und stellten Ansprüche erst, als sie bei der Gedingearbeit nicht mehr mitkamen. Das Einsetzen des deutlichen Krankheitsgefühls, das zur Berufsaufgabe zwang, lag also meist erst kurze Zeit zurück. Hierdurch werden Differenzen in den Röntgenbefunden erklärlich, auf die ich weiter unten eingehen werde.

Im einzelnen ist zu bemerken:

Über die Arbeiter in Eisengießereien habe ich gemeinsam mit Jötten (5) berichtet.

Unter den Arbeitern an Schmirgelsteinen wurden zwei mit schweren Staublungen gefunden, diese beiden hatten aber früher an nassem Sandstein gearbeitet, so daß ich einwandfreie Fälle von schwerer Staublunge, die durch Arbeiten am Schmirgelstein entstanden sind, bisher nicht habe feststellen können. Zwei Arbeiter zeigten jedoch feinfleckige Verschattungen, die bei dem einen deutlich vorhanden waren, bei dem zweiten aber nur in geringer Anzahl bestanden.

Unter den Sandsteinschleifern zeigten 8 schwere Staublungenveränderungen, 3 weitere geringe Staublunge, die Steinmetzen wiesen 6mal schwere, 7mal keine Veränderungen auf. In der Gruppe Keramik war ein positiver Fall, der vor etwa 30 Jahren 3 Jahre in einer Sandsteinfabrik, dann 27 Jahre in einer Tonziegelei tätig war. Über diesen Fall werde ich weiter unten berichten, die drei übrigen waren in Fabriken feuerfester Steine beschäftigt, von diesen war einer positiv. Ich hatte wenig Gelegenheit, derartige Arbeiter zu untersuchen, da die Berufsgenossenschaften die Kostenerstattung für die Untersuchung ablehnten unter der Angabe, daß der Quarzit, auf dem die Staublungen beruhten, nicht als Sandstein angesehen werden dürfe.

Die Berufsgenossenschaft hatte ein geologisches Gutachten eingeholt, in dem gesagt war: „Die Spuren der detritischen Entstehung, wie sie bei jedem Sandstein so deutlich ausgeprägt sind, sind bei Quarzit völlig verschwunden". Mit Rücksicht hierauf definiert Freyberg: „Quarzit = miteinander verwachsene Quarzkörner, deren detritische Form verlorengegangen ist." Hieraus geht hervor, daß Quarzit aus Detritus entstanden ist, genau wie der Sandstein. Er unterscheidet sich von ihm nur durch das Fehlen des Bindemittels. Dies Bindemittel ist aber auch im natürlichen Sandstein in stark wechselnden Mengen von 50 bis 10% enthalten, was darunter liegt, ist eben Quarzit und kein Sandstein mehr. Die Grenze ist also völlig willkürlich gezogen, was auch aus der Betrachtung von Dünnschliffen hervorgeht. Die größere oder geringere Menge des Bindemittels ist für die gesundheitliche Bedeutung völlig nebensächlich. Der Quarzgehalt ruft die Staublungen hervor. Diese können überall dort auftreten, wo beim Zerkleinern feiner Quarzstaub auftritt. Ob dies beim Zerkleinern durch Hammer und Meißel geschieht, wie in Sandsteinbrüchen, durch Bohrer, wie im Bergbau, oder durch Zermahlen, wie bei der Herstellung von Silikasteinen, ist für die Entstehung der Staublunge völlig unerheblich.

Quarzit wird in der keramischen Literatur allgemein als Sandstein angesehen, z. B. bei Singer (52): „Der Unterschied zwischen Sandstein und Quarzit beruht lediglich auf der Intensität der Verkittung. Beide Gesteinsarten gehen ineinander über und alle Übergänge vom schuttigen Sand bis zum klingenden Quarzit sind oft in demselben Aufschluß nebeneinander zu beobachten." Ebenso auch Litinski (36): „Quarzit stellt Sandstein dar, der aus kleinen durch ein Bindemittel verkitteten Quarzkörnern besteht." Rosenbusch-Osann (49) sagen in den „Elementen der Gesteinskunde" (S. 535): „Eine Grenze zwischen Kieselsandstein und Quarziten ist in der Natur nicht vorhanden (S. 538). Quarzit ist ein Kieselsandstein, dessen Quarzkörner nicht mehr mit Augen und Lupe erkennbar sind, dessen Bruch daher mehr oder weniger glänzend wird. Die Quarzite besitzen dieselbe Zusammensetzung wie Sandstein." Quarzit ist auch unter dem Abschnitt „Schichtige Gesteine" behandelt.

Außerdem werden sie noch unter metamorphen Gesteinen erwähnt, dort heißt es (S. 696): „Die Quarzite unterscheiden sich in keinem wesentlichen Punkte von den Quarziten der alten Sedimentformationen. Wie in dem Sandstein die relativen Mengen der Quarzkörner schichtenweise und

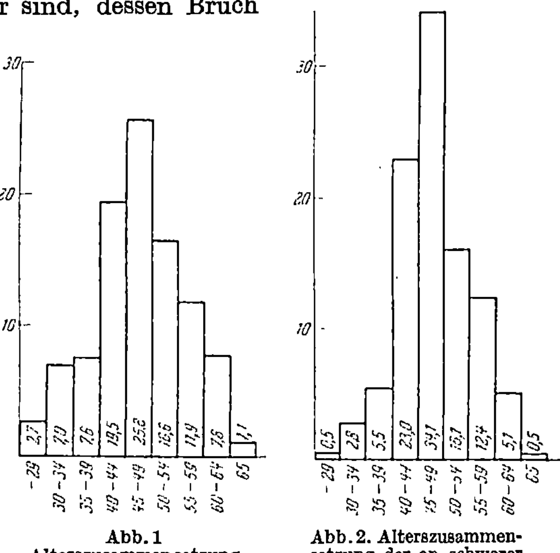

Abb. 1
Alterszusammensetzung sämtlicher Untersuchten.

Abb. 2. Alterszusammensetzung der an schwerer Staublunge Erkrankten.

im Streichen oft schwanken, so erklärt sich der vielfache Übergang und die Verknüpfung der Quarzite mit Glimmerschiefer, Eisenglimmerschiefer usw.

Bei Quarz und Sandstein sind die Quarzteilchen im ganzen gleich groß, beim Sandstein nur vielleicht etwas rundlicher. Bei Sandstein sind die Quarzkörnchen in ein Bindemittel eingebettet, das bei Quarzit fehlt. Dies Bindemittel ist harmlos.

Die Entscheidung des Reichsversicherungsamtes lautet:

„Der Senat hat bei zusammenfassender Betrachtung der verschie-

denen Gutachten in Verbindung mit der Äußerung des Bundes Deutscher
Fabriken feuerfester Erzeugnisse E. V. die Überzeugung erlangt, daß
in der verkehrsüblichen Wortbezeichnung Sandstein und Quarzit voneinander unterschieden wird, und daß auch praktisch eine Unterscheidung der hier in Betracht kommenden sogenannten Findlings-
quarzite von Sandsteinen nach äußeren Merkmalen ohne Zuhilfenahme
eingehender Untersuchungen möglich ist. Ob und wie weit Sandstein
und Quarzit bei gesteinskundlicher oder geologischer Betrachtung einander gleichgestellt werden können, über welche Frage sich die verschiedenen Wissenschaftler nicht einig sind, kann dahingestellt bleiben.
Jedenfalls hat der Senat das Steinwerk nicht als einen Sandsteinverar-
beitungsbetrieb ansehen können."

Der einzige Fall von schwerer Staublunge unter den sonstigen Ar-
beitern betrifft einen Übertagearbeiter in einer Zeche. Er war beim
Verladen von Streustaub der Einwirkung dieses Staubes stark ausgesetzt.
Über diesen Fall wird im klinischen Teil berichtet werden.

Im übrigen sind die Befunde von Staublungenveränderungen bei den
nicht schweren Staublungen weiter unten zusammengestellt.

Die Alterszusammensetzung geht aus nachstehender Tabelle 1 sowie
Abb. 1 und 2 hervor.

Tabelle 1. Alterszusammensetzung der Untersuchten.

Altersklasse Jahre	Schwere Staublunge		Keine schwere Staublunge		Zu-sammen
	Bergleute	Sonstige	Bergleute	Sonstige	
Bis 29	—	1	3	8	12
30—34	6	—	15	10	31
35—39	10	2	15	7	34
40—44	48	2	31	6	87
45—49	70	4	34	7	115
50—54	28	7	24	15	74
55—59	21	6	11	15	53
60—64	8	3	11	13	35
65 u. f.	—	1	1	3	5
Keine Alters-angabe	1	1	1	1	4
Zusammen	192	27	146	85	450

Bei den Zusammenstellungen möchte ich noch das eigentlich Selbst-
verständliche ausdrücklich betonen, daß die Zahlen sich nur auf das von
mir bearbeitete Material beziehen und irgendeine Allgemeingültigkeit
nicht beanspruchen. Die negativ bezeichneten Fälle sind nur die, die
nicht als schwere Staublungen beurteilt sind. Besondere Schlüsse sind
aus der Altersverteilung nicht zu ziehen, die Zusammensetzung war
sehr dem Zufall überlassen.

Die verhältnismäßig geringe Anzahl der höheren Altersklassen
deutet aber doch wohl darauf hin, daß die schwere Staublunge meist
schon im fünften, spätestens im sechsten Lebensjahrzehnt die Arbeitsunfähigkeit herbeigeführt hat. Die verhältnismäßig hohen Zahlen der
jüngeren Altersklassen bei den sonstigen Arbeitern beruht darauf, daß

für die Erhebung in den Eisengießereien verhältnismäßig viel jüngere
Arbeiter herangezogen wurden.

Über die Dauer der schädigenden Berufseinwirkung wurden ebenfalls Erhebungen angestellt, es haben sich jedoch keine Besonderheiten
ergeben. Bei den Bergleuten ist bekanntlich nicht mit Sicherheit festzustellen, wie stark sie bei Arbeiten vor Stein der Quarzeinwirkung
ausgesetzt waren, da der Gehalt an quarziger Kieselsäure bekanntlich
in den einzelnen Arbeitsörtern stark wechselt. (Vgl. Böhme 6—14,
Reichmann 43—45.)

Die Feststellungen über den Körperbau sind in Tabelle 2 zusammengefaßt.

Tabelle 2. Körperbau.

Körperbau	Schwere Staublunge		Keine schwere Staublunge		Zu-sammen
	Bergleute	Sonstige	Bergleute	Sonstige	
Sehr kräftig .	18	2	9	6	35
Kräftig	90	8	65	25	188
Mittel	43	6	35	28	112
Schwächlich.	27	11	29	19	86
Schlank	14	—	8	7	29
Zusammen	192	27	146	85	450

Der Körperbau scheint in keinem besonderen Zusammenhang mit
der Staublunge zu stehen, die Zahl der ausgesprochen schlanken, sowie
der wenig kräftigen ist verhältnismäßig gering. Wenn mir auch Zusammenstellungen über
den Körperbau der
Ruhrbergleute nicht be-
kannt sind, so weiß ich
doch aus persönlicher
Erfahrung, daß diese
meist von untersetztem
kräftigem Körperbau
sind. Ich möchte daher
aus der erheblichen An-
zahl der Arbeiter mit
untersetztem kräftigem
Körperbau nicht schlie-
ßen, daß diese Type
besonders zu Staub-
lunge neigt. Sicher ist

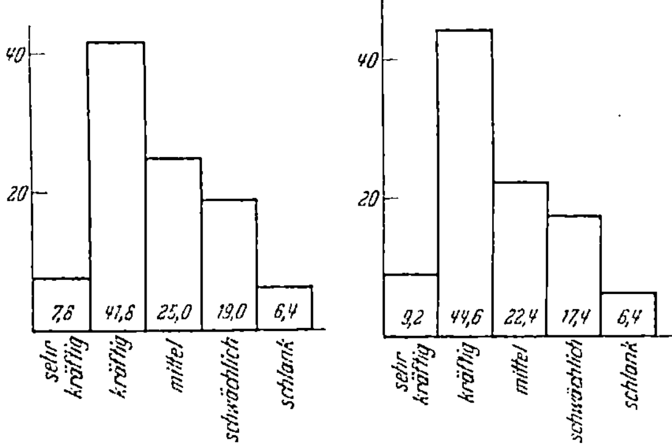

Abb. 3. Körperbau aller Untersuchten.

Abb. 4. Körperbau der an schwerer Staublunge Erkrankten.

aber, daß der schlanke asthenische Körperbau nicht besonders be-
vorzugt ist, was ich im Gegensatz zu den Befunden von Ickert (24)
im Mansfelder Bergbau betonen möchte.

Der Ernährungszustand ist aus Tabelle 3 zu entnehmen. Er ist in
dem beigefügten Abb. 5 u. 6 zusammengestellt. Das Vorhandensein
einer Staublunge hat an sich keinen Einfluß auf den Ernährungszustand.
Es ist dies Verhalten wohl verständlich, da zum Zustandekommen des
Ernährungszustandes verschiedene Einflüsse zusammenwirken, die

Tabelle 3.

Ernährungs-zustand	Schwere Staublunge		Keine schwere Staublunge		Zu-sammen
	Bergleute	Sonstige	Bergleute	Sonstige	
Sehr gut, fett	10	1	7	6	24
Gut	44	5	39	18	106
Mittel	68	6	38	30	142
Mäßig	43	10	37	18	108
Abgemagert .	27	5	25	13	70
Zusammen	192	27	146	85	450

teils fördernd, teils herabsetzend wirken. Fördernd wirkt die Tatsache, daß die Arbeit vor Stein im Bergbau zu den bestbezahlten Arbeiten gehört und daß man vielfach bei den Arbeitern die Meinung findet, daß eine gute fettreiche Ernährung das Zustandekommen der Staublunge hindert. Wenn erst die Atembeschwerden auftreten, wird die körperliche Bewegung erheblich eingeschränkt und infolgedessen tritt bei Leuten, die durch ihren Körperbau dafür geeignet sind, den Pyknikern und Athletikern, ein erheblicher Fettansatz auf. Reduzierend wirkt

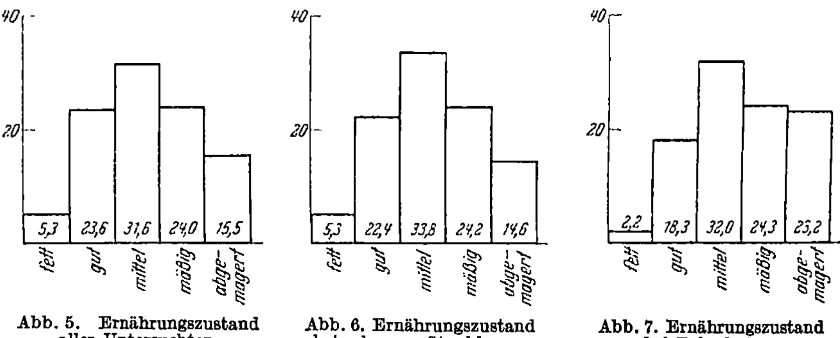

Abb. 5. Ernährungszustand aller Untersuchten.

Abb. 6. Ernährungszustand bei schwerer Staublunge.

Abb. 7. Ernährungszustand bei Tuberkulose.

dagegen die Herabsetzung des Einkommens infolge des Krankfeierns und die dadurch bedingte schlechtere Ernährung, besonders aber die häufig mit Staublunge verbundene Tuberkulose.

Fassen wir die Bergleute unter dem Gesichtspunkt zusammen, ob eine Tuberkulose nachweisbar ist oder doch wahrscheinlich vermutet werden kann, so ergibt sich ein wesentlich anderes Bild, das ebenfalls aus dem Schaubild sowie aus Tabelle 4 zu erkennen ist. Bei den anderen Arbeitern war die Zahl der erkennbaren Tuberkulosen zu gering, als daß sie dies Bild wesentlich ändern würden.

Der Ernährungszustand hängt ganz offensichtlich von einer gleichzeitig bestehenden Tuberkulose ab. Bei den Bergarbeitern insgesamt besteht ein übermittlerer Ernährungszustand in 30%, untermittlerer in 39%, bei den Staublungenkranken sind die entsprechenden Zahlen 28 und 36, bei den nicht Staublungenkranken 31 und 42. Bei den Tuberkulösen, ob mit, ob ohne Staublunge waren die entsprechenden Zahlen 20 und 48, ohne Tuberkulose dagegen 40 und 29. Der Ernährungszustand ist also vom Bestehen einer Staublunge unabhängig, hängt aber mit

Tabelle 4. Ernährungszustand der Bergleute.

| Ernährungs-zustand | Ohne Tuberkulose | | Zus. | Mit Tuberkulose | | Zus. |
	Schwere Staublunge	Keine schwere Staublunge		Schwere Staublunge	Keine schwere Staublunge	
Sehr gut....	7	6	13	3	1	4
Gut........	24	26	50	20	13	33
Mittel......	30	18	48	38	20	58
Mäßig......	17	19	36	26	18	44
Abgemagert.	3	7	10	24	18	42
Zusammen	81	76	157	111	70	181

dem Vorliegen einer Tuberkulose zusammen. Auftreten dieser Krankheit bedingt eine Herabsetzung des Ernährungszustandes, wie dies auch Reichmann annimmt. Ob diesem Verhalten Allgemeingültigkeit zuzusprechen ist oder ob in andern Bezirken und bei andersartiger Zusammensetzung der Untersuchten andere Verhältnisse vorliegen, möchte ich dahingestellt sein lassen.

B. Die subjektiven Symptome.

Die Klagen, die die Erkrankten vorbringen, können zur Erkennung des Zustandes wenig beitragen. Über Kurzatmigkeit wurde ganz allgemein geklagt, in einzelnen Fällen wurde angegeben, daß Kurzatmigkeit nur bei bestimmten Anstrengungen, wie schnellem Gehen, Fahrtenklettern, Treppensteigen auftritt. Oft wird über Schmerzen geklagt, die meist ziemlich genau lokalisiert werden, sie sind in der Brust, den Seiten, dem Rücken. Auffällig erscheint dabei, daß die bei andern Rentenbewerbern so häufig gehörten, beweglichen Klagen über „kolossale" Schmerzen oder Atemnot bei den von mir Untersuchten nicht geäußert sind.

Zur Beurteilung, ob erhebliche Atemnot besteht, können Angaben über den Schlaf dienen, wenn sie positiv gemacht werden. Man soll sich dabei vor Suggestivfragen hüten. Spontan wurde bei den schweren Staublungen schlechter Schlaf durch Luftmangel in 43, bei den negativen dagegen nur 19mal angegeben. Oft sind die Klagen charakteristisch, der Kranke kann nur schlafen, wenn er hoch liegt, wenn er im Bett sitzt, er muß nachts aufstehen, weil er keine Luft bekommt usw.

Das Auftreten von Nachtschweißen wird oft angegeben, ohne wesentlichen Unterschied, ob Tuberkulose vorliegt oder nicht, es kann von zahlenmäßigen Zusammenstellungen abgesehen werden. Das gleiche gilt vom Bluthusten. Oft werden Blutstreifen im Auswurf angegeben.

Husten soll bei positiven Fällen in 202 Fällen, bei den negativen in 182 Fällen vorhanden sein, bei Tuberkulose in 164 von 182 Fällen bestehen. Meist ist er nur gelegentlich. Die Angaben über das Auftreten wechseln sehr. Häufig ist er morgens, ebenso häufig aber auch abends, wenn der Kranke ins Bett kommt, oft soll er auch bei feuchter und nebliger Witterung auftreten, gelegentlich auch nur bei Anstrengungen.

Meist ist er trocken, sehr heftig und anstrengend, ohne daß Auswurf erzielt wird. Starker Auswurf ist eigentlich nur bei Tuberkulose, aber auch da nicht besonders häufig vorhanden. Die Beschaffenheit ist oft weißlich, schaumig, selten gelb. Aus den Angaben über den Husten und die Art des Auswurfes sind ebenfalls keine besonderen Schlüsse zu ziehen.

So sind die Klagen wenig charakteristisch; Bedeutung verdienen nur die Klagen über Atemnot und ihre Folgen, die zum Bilde der schweren Staublunge gehören.

C. Die objektiven Symptome.

Die Nasenatmung ist in 256 Fällen geprüft. Die Ergebnisse sind aus Tabelle 5 zu ersehen.

Tabelle 5. Nasenatmung.

	Schwere Staublunge		Keine schwere Staublunge	
	Zahl	%	Zahl	%
Frei	56	48	69	50
Beengt.	51	44	54	39
Verstopft	10	8	16	11
Zusammen	117		139	

Die Unterschiede sind zu gering, als daß man das Auftreten von Staublunge von der Nasenatmung abhängig machen könnte. Die öfter geäußerte Vermutung, daß Staublunge besonders leicht bei Mundatmern auftritt, ist theoretisch sehr wahrscheinlich, hat aber durch die Untersuchung keine Bestätigung gefunden.

Die Ausdehnung des Brustkorbes ist in jedem Falle geprüft worden. Nur in vereinzelten Fällen waren keine Angaben, wohl infolge unzureichender Notizen, vorhanden. Die Zusammenstellung ist in Tabelle 6 enthalten.

Tabelle 6. Ausdehnung des Brustumfanges.

Ausdehnung	Staublunge +		Staublunge —		Zusammen	
	Zahl	%	Zahl	%	Zahl	%
0	9	4	5	2	14	3
1	14	7	14	6	28	7
2—3	84	39	58	27	142	33
3,5—5,5	75	35	90	41	165	38
6—8,5	28	13	45	21	73	17
9	3	2	6	3	9	2
Zusammen	213		218		431	

Im ganzen ist die Ausdehnungsfähigkeit des Brustkorbes bei schweren Staublungen geringer, als bei den negativen Fällen. Jedoch ist irgendein Schluß nicht zu ziehen, bei beiden kommen geringe und hohe Werte der Ausdehnungsfähigkeit vor. Unter 3,5 cm Ausdehnung zeigten bei den schweren Staublungen 50%, bei den negativen 36%. Die Erweiterung des Brustkorbes ist wenig für die Funktionsprüfung der Lunge zu verwerten. Die Ausdehnung hängt mehr vom Spiel des Zwerchfells ab, als von der Dehnung des Brustkorbes, und außerdem ist die Volumzunahme bei einer gleichen Zunahme des Brustumfanges sehr verschieden. Bei einer Kugel mit 1 m größtem Umfang ist eine Zunahme des Umfanges um 5 cm = einer Volumzunahme um 5 Liter, bei einer Kugel mit 75 cm Umfang ist die Zunahme des Umfanges um 5 cm nur = 1,5 Liter Volumenvermehrung. Der Brustkasten ist allerdings keine Kugel, die Berechnung wurde nur als Beispiel gewählt, um zu zeigen, welche geringe Rolle die Zunahme des Brustumfanges bei der Berechnung des Fassungsvermögens spielt.

Von einer Prüfung der Vitalkapazität wurde aus äußeren Gründen abgesehen, da die vorhandenen guten Spirometer nicht beförderungsfähig sind und weil das Ergebnis der Untersuchung, wenn dieselbe nur einmal vorgenommen wird, sehr vom guten Willen der Untersuchten abhängt. Es ist bekannt, daß die Lungenkapazität bei der Steinstaublunge herabgesetzt ist. Wie weit diese Herabsetzung aber parallel mit dem Röntgenbefund geht, ist nirgends festgelegt. Der Versuch, die Lungenkapazität mit dem sogenannten Expugnator, einem Apparat, in dem ein Flügelrad angeblasen und aus den auf einer Skala angezeigten Umdrehungen die Kapazität bestimmt wird, mußte aufgegeben werden, da eine Prüfung im hiesigen arbeitsphysiologischen Institut ergab, daß bei verschiedenen, noch im Bereich des Normalen liegenden Luftgeschwindigkeiten, die Prüfung Differenzen bis zu 50% ergab, so daß die Resultate nicht zu verwerten waren.

Die Verschieblichkeit der Lungengrenzen ist aus Tabelle 7 zu ersehen.

Tabelle 7. Verschieblichkeit der Lungengrenzen.

	Schwere Staublunge		Keine schwere Staublunge		Zusammen	
	Zahl	%	Zahl	%	Zahl	%
Gut	53	26	120	56	173	41
Wenig ...	58	28	42	20	100	24
Nicht....	93	46	50	24	143	35
Zus.	204		212		416	

Eine mangelhafte Verschieblichkeit ist bei den schweren Staublungen häufiger, als bei den negativen Fällen; aber trotzdem bestand noch bei einem Viertel der schweren Staublungen eine gute Verschieblichkeit der Lungengrenzen. Auch war bei den negativen Fällen der Feststand der Lungengrenzen fast ebenso häufig als bei den positiven Fällen.

Eine gute Methode scheint die Prüfung des Anhaltens des Atems zu sein, die wiederholt u. a. auch von Baader (1) vorgeschlagen ist. Beim Abhorchen des Herzens fordert man den Patienten auf, einzuatmen und den Atem anzuhalten. Die Zeit, wie lange es gelingt, wird mit der Stoppuhr bestimmt. Man wird dabei, um psychische Momente nach Möglichkeit auszuschalten, den Anschein erwecken müssen, als wenn man den Herzschlag beobachtete, z. B. dadurch, daß man die Hand im Rhythmus der Herzschläge bewegt, die Schläge halblaut mitzählt oder ähnliches. Dabei wird man nicht nur auf die Zeit achten, sondern auch auf die Begleiterscheinungen. Der Herzschlag wird gegen Ende der Anhaltezeit meist deutlich schneller, ferner treten Stauungserscheinungen auf. Die Armvenen schwellen an, eine bestehende Stauung wird deutlicher, es tritt hinterher Atemnot auf, alles Symptome, die vom Willen weitgehend unabhängig sind. Die Zeit der Prüfung wurde auf 20—25 Sekunden beschränkt, um nicht unnötig die Aufmerksamkeit auf die Untersuchung hinzulenken. Die Prüfungen sind erst in 178 Fällen vorgenommen worden, davon waren 98 positive und 80 negative Fälle. Das Ergebnis ist aus Tabelle 8 zu ersehen. Bei den schweren Staub-

Tabelle 8. Anhalten der Atmung.

Zeit	Schwere Staublunge		Keine schwere Staublunge		Zusammen	
	Zahl	%	Zahl	%	Zahl	%
0	3	3	1	1	4	2,5
1—5	22	24,5	9	11	31	18,5
5,1—10	35	39	25	31	60	35
10,1—15	22	24,5	19	24	41	24
über 15,1	8	9	26	33	34	20
Zus.	90		80		170	

lungen konnte Atmung zweimal wegen hochgradiger Kurzatmigkeit, einmal wegen Hustenreizes nicht angehalten werden. 40mal traten Stauungserscheinungen auf, 12mal wurde der Herzschlag deutlich schneller, ohne daß Stauungen bestanden. 10mal zeigte sich nach dem Versuch deutliche Atemnot. Bei den negativen Fällen bestand 13mal Stauung, dabei 2mal Atemnot, 9mal trat Herzbeschleunigung auf, einmal war Anhalten wegen auftretenden Hustenreizes nicht möglich.

Die Prüfung des Anhaltens der Atmung läßt mit Sicherheit das Bestehen von Atmungsstörungen und Herzbeschwerden erkennen, es trägt dazu bei, die geklagten Beschwerden auch objektiv nachweisbar zu machen. Es ist daher für die klinische Beurteilung von besonderer Bedeutung.

Eine deutliche Herzvergrößerung fand sich bei schweren Staublungen in 80 Fällen = 36,5%, in den andern Fällen nur in 14%.

Stauungserscheinungen in der Ruhe waren bei schweren Staublungen deutlich in 74 Fällen = 34%, angedeutet in 24 Fällen = 11%. Bei den negativen Fällen waren sie in 38 Fällen = 16% vorhanden, in 10 Fällen = 4% angedeutet. Wenn nicht schon in der Ruhe eine deutliche Stauung nachweisbar war, wurde eine Belastung vorgenommen. Die meist vorgenommene Prüfung durch Kniebeugen halte ich nicht für geeignet, weil die Kniebeuge eine turnerische Freiübung, aber keine normale Bewegung ist und es bei der Funktionsprüfung aber darauf ankommt, zu sehen, wie die Funktion bei Anstrengungen ist, die auch unter normalen Verhältnissen und insbesondere bei der Arbeit vorkommen. Außerdem ist die Anstrengung bei Kniebeugen nach der Konstitution durchaus verschieden, ein Pykniker wird bei starkem Leib und wenig muskelkräftigen Gliedern durch Kniebeugen wesentlich stärker angestrengt als der schlanke Astheniker oder der muskelkräftige Athlet. Ich ließ den Untersuchten sich 10mal bücken, da diese Bewegung bei der Arbeit sehr häufig ist und die dabei auftretenden Funktionsstörungen bessere Rückschlüsse auf das Verhalten im Beruf zulassen. In den meisten Fällen wurden 10 Rumpfbeugen verlangt, wenn jedoch früher deutliche Stauungen oder sonstige Beschwerden auftraten, wurde der Versuch früher abgebrochen. In einzelnen Fällen konnte die Prüfung wegen Steifigkeit des Rückens nicht durchgeführt werden.

Stauungen zeigten sich bei schwerer Staublunge in 95 Fällen, dazu kommen noch in 36 Fällen mit Stauung in Ruhe, bei denen eine Belastung nicht vorgenommen wurde. Im ganzen also 131 Fälle, zu denen noch 15 zweifelhafte Befunde kamen. Bei den negativen Fällen wurden wegen bestehender Stauung oder Atemnot in 35 Fällen keine Prüfung vorgenommen, in 22 Fällen trat Stauung nach Anstrengung auf, in 14 Fällen war das Ergebnis zweifelhaft. Die Stauungen gingen mit dem Vorliegen einer Lungenblähung parallel.

Die Atemzüge wurden mit der Stoppuhr gezählt, dabei wurde gleichzeitig der Puls gefühlt, um eine seelische Beeinflussung der Atmung zu vermeiden. Die Atmung war bei Staublunge meist beschleunigt, bei den schweren Fällen zeigten nur 30% bis zu 20 Atemzügen in der Minute, bei den negativen Fällen 60%. Mehr als 30 Atemzüge zeigten bei schwerer Staublunge 20%, bei den andern Fällen 10%.

Die Zahl der Atemzüge ist in Tabelle 9 angegeben.

Tabelle 9. Zahl der Atemzüge in Ruhe.

Atmung	Schwere Staublunge		Keine schwere Staublunge		Zusammen	
	Zahl	%	Zahl	%	Zahl	%
Nicht sichtbar	7	3	22	10	29	7
—20	56	27	108	50	164	39
—25	50	24	29	14	79	19
—30	55	26	34	16	89	21
—35	22	11	10	5	32	8
Mehr	18	9	10	5	28	6
Nicht untersucht	11	—	18	—	29	—
Zusammen	219		231		450	

Nach Anstrengung zeigten die schweren Staublungen in nur 7% eine normale Atmung, über 30 Atemzüge bestanden bei 44%, bei den negativen Fällen betrugen die Zahlen 32 und 18%. Da die Atmung schon während der Erhebung der Vorgeschichte und der ganzen Untersuchung beobachtet wurde, dürfte eine absichtliche, dauernde Anstrengung der Atmung ausgeschlossen sein.

Die nicht schweren Staublungen sind in Tabellen 10 und 11 nochmals zusammengefaßt nach den Gesichtspunkten, ob deutliche, geringe oder überhaupt keine Staublungenveränderungen vorlagen, oder ob Tuberkulose nachzuweisen war oder fehlte.

In der Ruhe treten auch bei deutlichen Staublungenveränderungen sichere Unterschiede nicht hervor. Bis 20 Atemzüge hatten in der Ruhe 65%, über 30 nur 8%. Hierbei ist zu berücksichtigen, daß die Fälle mit deutlichen Veränderungen und einer Erschwerung der Atmung zu den schweren Fällen gezählt wurden. Bei geringen Staublungenveränderungen betrugen die Werte 51 und 9%, beim Fehlen 66 und 10%.

Bei Anstrengungen dagegen treten die Unterschiede deutlicher hervor,

Tabelle 10. Zahl der Atemzüge nach Anstrengung.

Atmung	Schwere Staublunge		Keine schwere Staublunge		Zusammen	
	Zahl	%	Zahl	%	Zahl	%
Nicht sichtbar	—	—	11	5	11	3
—20	11	5,5	47	23	58	14
—25	25	12,5	43	21	68	17
—30	53	26,5	49	24	102	25
—35	26	23	9	4	35	9
Mehr	45	22,5	17	8	62	15
Nicht untersucht wegen Atemnot	40	20	31	15	71	17
Nicht untersucht aus anderen Gründen	19	—	24	—	43	—
Zusammen	219		231		450	

Tabelle 11. Zahl der Atemzüge in Ruhe, unterteilt nach Staubveränderungen der Lunge bei nicht schwerer Staublunge.

Atmung	Deutliche Staublungenveränderung			Geringe Staublungenveränderung			Keine Staublungenveränderung		
	Zahl	%	D.	Zahl	%	D.	Zahl	%	D.
Nicht sichtbar	2	3	+ 7	6	10	0	14	16	+6
—20	39	62	+12	26	41	—9	43	50	0
—25	7	11	— 3	11	18	+4	11	13	—1
—30	10	16	0	14	22	+6	10	11	—5
—35	1	2	— 3	4	6	+1	5	6	+1
Mehr	4	6	— 1	2	3	—2	4	4	—1
Nicht untersucht	7	—	—	5	—	—	6	—	—
Zusammen	70			68			93		

D. = Differenz gegenüber dem Durchnitt der nicht schweren Staublunge (vgl. Tabelle 9).

eine normale Atmung bestand bei deutlichen Staublungenveränderungen in 16%, bei 27% war die Atmung stark beschleunigt oder wurde wegen Erschwerung in der Ruhe nicht untersucht. Bei geringen Staublungenveränderungen betrugen die entsprechenden Zahlen normal 25%, stark beschleunigt 30%, beim Fehlen 40%. Die Werte sind in Tabelle 12 zusammengestellt.

Tabelle 12.
Zahl der Atemzüge nach Anstrengung, unterteilt nach Staubveränderungen der Lunge bei nicht schwerer Staublunge.

Atmung	Deutliche Staublungenveränderung			Geringe Staublungenveränderung			Keine Staublungenveränderung		
	Zahl	%	D.	Zahl	%	D.	Zahl	%	D.
Nicht sichtbar	—	0	—5	4	6	+1	7	9	+4
—20	10	16	—7	12	12	—4	25	31	+8
—25	17	28	+7	11	18	—3	15	18	—3
—30	18	29	+5	17	27	+3	14	17	—7
—35	2	3	—1	2	3	—1	5	6	+2
Mehr	3	5	—3	8	13	+5	6	7	—1
Nicht untersucht wegen Atemnot	12	19	+4	9	14	—1	10	12	—3
Nicht untersucht aus anderen Gründen	8	—	—	5	—	—	11	—	—
Zusammen	70			68			93		

Wenn man dagegen nach dem Bestehen oder Fehlen von Tuberkulose unterteilte, so ergaben sich in der Ruhe keine deutlichen Unterschiede; bei Anstrengungen dagegen zeigte sich auch bei den Fällen mit Tuberkulose in einer erheblich größeren Anzahl eine beschleunigte Atmung. (Vgl. Tabellen 13 und 14.)

Tabelle 13. Zahl der Atemzüge in Ruhe bei nicht schwerer Staublunge, unterteilt nach vorhandener Tuberkulose.

Atmung	Nicht schwere Staublunge insgesamt		Tuberkulose vorhanden			Keine Tuberkulose nachweisbar		
	Zahl	%	Zahl	%	D.	Zahl	%	D.
Nicht sichtbar	22	10	7	8	—2	15	12	+2
—20	108	50	46	49	—1	62	52	+2
—25	99	14	13	14	0	16	13	—1
—30	34	16	18	19	+3	16	13	—3
—35	10	5	5	5	0	5	5	0
Mehr	10	5	5	5	0	5	5	0
Nicht untersucht	18	—	9	—	—	9	—	—
Zusammen	231		103			128		

Tabelle 14.
Zahl der Atemzüge nach Anstrengung bei nicht schwerer Staublunge, unterteilt nach vorhandener Tuberkulose.

Atmung	Nicht schwere Staublunge insgesamt		Tuberkulose vorhanden			Keine Tuberkulose nachweisbar		
	Zahl	%	Zahl	%	D.	Zahl	%	D.
Nicht sichtbar	11	5	4	5	0	7	6	+1
—20	47	23	11	12	—11	36	30	+7
—25	43	21	21	24	+3	22	18	—3
—30	49	24	23	26	+2	26	22	—2
—35	9	4	3	3	—1	6	5	+1
Mehr	17	8	8	9	+1	9	8	0
Nicht untersucht wegen Atemnot	31	15	18	21	+6	13	11	—4
Nicht untersucht aus anderen Gründen	24	—	15	—	—	9	—	—
Zusammen	231		103			128		

Bei Lungenaffektionen ist die Atmung beschleunigt, welcher Art die Affektion ist, geht aus der Zahl der Atemzüge nicht·hervor.

Wichtiger als die Zahl der Atemzüge ist die Art der Atmung. Sie läßt sofort erkennen, ob eine einigermaßen erhebliche Störung vorliegt. Bei Staublunge ist die Atmung oft ziemlich oberflächlich, etwas schnappend. Die Art der Atmung ist unterteilt nach den in den Tabellen 15 und 16 aufgestellten Typen.

Meist geschieht die Atmung mit dem Oberbauch, sie ist deutlich sichtbar. Eine Beteiligung der Flanken spricht schon für größere Anstrengung. Atemnot wird dann angegeben, wenn auch die Hilfsmuskeln deutlich beteiligt sind. Natürlich ist eine deutliche Anstrengung der Atmung bei schwerer Staublunge häufiger, als bei den andern Untersuchten, da die Atembeschwerden das wichtigste klinische Kennzeichen der schweren Staublunge sind. Immerhin fand sich bei schwerer

Tabelle 15. Art der Atmung in der Ruhe.

Art der Atmung	Schwere Staublunge		Keine schwere Staublunge		Zusammen	
	Zahl	%	Zahl	%	Zahl	%
Nicht sichtbar....	7	3	22	10	29	7
Nicht angestrengt	45	21	104	47	149	34
Deutlich sichtbar .	73	35	51	23	124	29
Stark angestrengt	40	19	26	12	66	15
Atemnot........	46	22	17	8	63	15
Nicht angegeben..	8	—	11	—	19	—
Zusammen	219		231		450	

Tabelle 16. Art der Atmung nach Anstrengung.

Art der Atmung	Schwere Staublunge		Keine schwere Staublunge		Zusammen	
	Zahl	%	Zahl	%	Zahl	%
Nicht sichtbar....	—	0	11	5	11	3
Nicht angestrengt	10	5	54	26	64	15
Deutlich sichtbar .	47	23	64	30	111	27
Stark angestrengt.	58	29	29	14	87	21
Atemnot........	55	27	23	11	78	19
Nicht geprüft wegen Atemnot	32	16	31	14	63	15
Nicht angegeben .	17	—	19	—	36	—
Zusammen	219		231		450	

Staublunge in Ruhe eine nicht deutlich angestrengte Atmung in 24%
der Fälle, bei den andern in 57%. Bei 5% der Fälle von schwerer
Staublunge zeigte sich auch nach Anstrengung keine wesentliche Vertiefung der Atmung, gegen 18% bei den sonstigen. Starke Atemnot
trat bei schwerer Staublunge in 72% gegen 39% auf. Es gibt also sehr
deutliche Staublungenveränderungen, die die Atmung nicht deutlich
beeinflussen, während andererseits eine Atemnot durchaus nicht in
Zusammenhang mit einer Staublunge zu stehen braucht.

Ein sicheres Zeichen von Atemnot ist die abgehackte stoßweiße
Sprache. Man erkennt deutlich, daß bei dem Erkrankten die Luft
während des Sprechens nicht ausreicht. Sie wurde 14mal bei schwerer
Staublunge, 7mal bei den sonstigen Untersuchten gefunden.

Der physikalische, d. h. der Klopf- und Horchbefund ist bekanntlich
bei Staublunge nicht typisch. Häufig ist der Klopfschall hohl (in
65 Fällen bei den schweren, in 35 bei den andern). Geringe Dämpfungen
werden gelegentlich gefunden. Deutliche, insbesondere einseitige
Dämpfungen stehen fast immer in Zusammenhang mit Tuberkulose.
Das Atemgeräusch ist meist abgeschwächt und leise. Rasselgeräusche
gehören nicht zum Bild der reinen Staublunge, sondern sind durch sekundäre Veränderungen bedingt. Gelegentlich hört man auch bei reinen
Staublungen Bronchialatmen, dann bestanden im Röntgenbild starke
Verdichtungen.

Leises Atmen und hohler Klopfschall lassen auf Lungenblähung
schließen.

Tuberkelbazillen wurden wiederholt im Auswurf gefunden. Eine

Zusammenstellung kann nicht gegeben werden. Wenn man einen Erkrankten nicht klinisch beobachten kann, ist es meist Zufall, wenn im Auswurf Bazillen gefunden werden, da auch bei vorhandenen Kavernen der Auswurf oft sehr gering ist.

Der objektive Nachweis von Staublungenveränderungen gelingt bekanntlich nur durch den Röntgenbefund. In 199 Fällen von schwerer Staublunge zeigten die Röntgenbilder Zusammenfließen der Schatten, in 15 Fällen bestand es jedoch nicht, in 5 Fällen war der Befund fraglich. Bei den anderen Fällen trat Zusammenfließen 22mal auf, fraglich war es in 3 Fällen.

Verwachsungen des Zwerchfelles sind bei schwerer Staublunge meist vorhanden, aber sie treten auch bei nicht schweren Fällen öfter auf, auch wenn sichere Tuberkulose nicht vorliegt. Wo Staublungenveränderungen bestehen, sind auch die Zwerchfellverwachsungen häufiger. Das Vorkommen zeigt Tabelle 17.

Tabelle 17.

	Schwere Staublunge		Keine schwere Staublunge									
			Tuberkulose				Staublungenveränderungen					
			+		—		deutlich		gering		keine	
	Zahl	%	Zahl	%	Zahl	%	Zahl	%	Zahl	%	Zahl	%
Vorhanden	153	70	20	19	11	9	12	18	17	25	4	4
Nicht vorhanden	57	26	82	80	115	90	57	81	51	75	89	96
Fraglich	9	4	1	1	2	1	1	1	—	—	—	—
Zusammen	219		103		128		70		68		95	

Ausziehungen des Zwerchfelles sind ebenfalls bei schweren Staublungen wesentlich häufiger als bei den sonst Untersuchten. Sie sind nicht durch Tuberkulose hervorgerufen, sondern sind ein sicheres Zeichen von silikotischen Veränderungen. Sie kommen auch vor, wenn diese Veränderungen verhältnismäßig gering sind.

Der Befund ist in Tabelle 18 zusammengestellt.

Tabelle 18.

	Schwere Staublunge		Keine schwere Staublunge									
			Tuberkulose				Staublungenveränderungen					
			+		—		deutlich		gering		keine	
	Zahl	%	Zahl	%	Zahl	+	Zahl	%	Zahl	%	Zahl	%
Vorhanden	84	38	17	17	10	8	11	16	6	9	1	1
Nicht vorhanden	127	58	82	80	115	90	56	80	61	90	92	99
Fraglich	8	4	4	3	3	2	3	4	1	1	—	—
Zusammen	219		103		128		70		68		93	

Die von Reichmann (44) als typisch bezeichneten „Regenstraßen" habe ich recht selten gesehen. Sie sind offenbar Folge von Schrumpfungen. Sie dürften nur auftreten, wenn die Staublungen verhältnismäßig lange bestehen, während die von mir untersuchten Fälle meist noch bis vor verhältnismäßig kurzer Zeit in Arbeit gestanden haben. Sie sind Zeichen einer ganz schweren Funktionsbeeinträchtigung. Einen Pneumotorax habe ich nur bei Tuberkulose beobachtet, bei Staublungen habe ich ihn nicht gesehen. Auch sein Auftreten dürfte als Folge stärkster Schrumpfung anzusehen sein, zu deren Entstehung längere Zeit gehört.

Bei deutlicher Atemnot bestanden immer klinisch oder im Röntgenbild Zeichen von Lungenblähung. Dabei ist eine deutliche Ausdehnung der Lungengrenzen mit Tiefstand nicht besonders häufig. Die absolute Herzdämpfung ist fast immer vorhanden. Die Ausdehnung der gesamten Lunge wird durch die bestehenden Bindegewebswucherungen verhindert. Wie aus Tabelle 19 hervorgeht, sind Erscheinungen eine Lungenblähung bei der schweren Staublunge recht häufig. Sie sind als beweisend für das Bestehen von Erschwerung der Atmung anzusehen.

Tabelle 19. Lungenblähung.

	Schwere Staublunge		Keine schwere Staublunge		Zusammen	
	Zahl	%	Zahl	%	Zahl	%
Vorhanden	123	56	72	31	195	43
Nicht vorhanden	80	37	148	64	228	51
Fraglich........	16	7	11	5	27	6
Zusammen	219		231		450	

Das entscheidende Wort wird bei der Feststellung der Staublunge stets das Röntgenbild sprechen müssen, aber wie schon früher betont ist, brauchen Röntgenbild und klinischer Befund nicht immer übereinstimmen. Nachstehend habe ich das Verhältnis von klinischem Befund und Röntgenbild zusammengestellt. (Tabelle 20)

Tabelle 20.
Vergleich des klinischen Befundes und des Röntgenbildes.

Röntg.	Klinisch	Schwere Staublunge		Keine schwere Staublunge		Zusammen	
		Zahl	%	Zahl	%	Zahl	%
+	+	150	68	—	—	150	34
	?	22	10	—	—	22	5
	—	20	9	20	9	40	9
?	+	21	10	10	4	31	7
	?	—	—	1	—	1	—
	—	—	—	11	4	11	2
—	+	6	3	63	28	69	15
	?	—	—	20	9	20	4
	—	—	—	106	46	106	24
Zusammen		219		231		450	

Es zeigt sich freilich in der Mehrzahl der untersuchten Fälle (58%) Übereinstimmung, aber es zeigen sich doch in 42% mehr oder weniger große Abweichungen, insbesondere liegen in 9% Veränderungen des Röntgenbildes im Sinne einer schweren Staublunge vor, während der klinische Befund negativ war; umgekehrt lagen in 15% klinische Erscheinungen ohne schwere röntgenologische Veränderungen vor. In 9% war der Röntgenbefund zweifelhaft. Es sei hier betont, daß ein negativer Befund nicht bedeutet, daß überhaupt keine Staublungenveränderungen vorlagen. Die Veränderungen des Röntgenbildes waren vielmehr nicht so hochgradig, daß man es nach der herrschenden Meinung als schwere Staublunge auffassen konnte.

Es sind also aus Zusammenstellungen von Zahlen keine Regeln darüber abzuleiten, unter welchen Voraussetzungen man eine schwere Staublunge wird annehmen müssen, und es soll im zweiten Teil versucht werden, durch Besprechung ausgesuchter Fälle, die sich naturgemäß aus den Grenzfällen zusammensetzen werden, Grundsätze für die versicherungsrechtliche Beurteilung der Staublunge zu gewinnen.

Zweiter Teil.

Klinik der Staublungenerkrankungen.

Den im nachstehenden zusammengestellten Untersuchungsbefunden ist vorauszuschicken, daß die Fälle im Sinne des Themas der Arbeit ausgewählt sind. Es wurde demgemäß besonderer Wert darauf gelegt, solche Fälle zu besprechen, die in ihrem klinischen Verhalten erhebliche Differenzen gegenüber dem Röntgenbefund darboten. Die Abweichungen können nach beiden Richtungen hin liegen, einerseits in dem Sinne, daß bei geringem Röntgenbefund schwere Störungen der Lungentätigkeit bestanden, andererseits aber, daß sehr erhebliche Veränderungen des Röntgenbildes bei nur geringer Funktionsstörung bestanden. Es erscheint erforderlich, durch eine größere Anzahl von Befundberichten den Nachweis zu erbringen, daß es sich bei den Divergenzen von Röntgenbild und Funktion nicht um gelegentliche Ausnahmefälle handelt, sondern daß sie doch so häufig sind, daß man mit Recht als These aufstellen kann:

„Bei der Silikose ist die Funktionseinschränkung von den röntgenologisch nachweisbaren Veränderungen nicht abhängig, wenn sie auch ein gewisses Parallelgehen zeigt. Die Funktionsstörungen werden nicht durch die Bindegewebsvermehrung, sondern durch andere, im Röntgenbild nicht mit Sicherheit erkennbare Veränderungen des Funktionsgewebes verursacht."

Die zahlreichen Fälle des Parallelgehens beider Erscheinungsgruppen sind nicht aufgeführt. Im nachstehenden sind die Berichte in vier Gruppen geteilt uns zwar:

A. Krankheitsfälle, bei denen Atemnot auf Grund anderweitiger Krankheitszustände besteht.

B. Krankheitszustände, bei denen Atemnot besteht, bei denen aber als Ursache nur geringe röntgenologisch nachweisbare Lungenveränderungen vorhanden sind.

C. Krankheitszustände, bei denen das Röntgenbild die Zeichen der Staublunge zweiten bis dritten Grades zeigt, bei denen aber die Funktionseinschränkung noch nicht besonders hochgradig ist.

D. Krankheitszustände mit schweren Veränderungen im Röntgenbild und gleichzeitigen Funktionsstörungen.

Die Röntgenbefunde aus dem Augusta-Krankenhaus Bochum sind von Herrn Prof. Dr. Böhme erhoben, die übrigen sind von mir beurteilt.

Gruppe A.

15 Fälle. Atemnot mit anderweitigen Krankheitserscheinungen.

Fall 1. 51 Jahre, 19 Jahre vor Stein, seit 9 Jahren als Betriebsratsmitglied von der Arbeit freigestellt. Außer Arbeit seit $1^1/_4$ Jahr. Einmal heftiger Blutauswurf. Luftmangel, Kopfschmerzen, Husten mit Schleimauswurf, Nachtschweiße.

Sehr kräftig, fettleibig, Temperatur 36,5. Gewicht 111 kg bekleidet. Gesicht gerötet, Lippen etwas bläulich. Nase frei, Sprache heiser.

Brustumfang 120/121, Bauchumfang 121 cm. Lungengrenzen hinten am Dornfortsatz des 7. Brustwirbels, wenig verschieblich, vorn an der 4. Rippe. Klopfschall nicht deutlich verändert, Atemgeräusch abgeschwächt, etwas Giemen.

Herzdämpfung allseitig vergrößert, Herz querliegend, Längsdurchmesser der Herzdämpfung 26 cm. Herztöne leise, rein, regelmäßig. Puls 76, klein, weich, bisweilen tritt eine stärkere Pulswelle auf. Blutdruck 160/130.

Atmung sehr beschleunigt, 52, stark angestrengt, schnaufend, sie kann 5 Sekunden angehalten werden.

Röntgenbefund (Clemenshospital Münster): Hochstehendes Zwerchfell. Das allseitig verbreiterte Herz liegt quer und ist tief in die Zwerchfellkuppe eingebettet. Die große Körperschlagader ist deutlich verbreitert. Die Lungenzeichnung ist in den unteren Teilen deutlich vermehrt und zeigt dort geringe Fleckungen, die über das ganze Gewebe verteilt und nicht deutlich randständig sind. In den Oberlappen ist eine deutliche Zeichnung nicht zu erkennen.

Beurteilung: Berufskrankheit liegt nicht vor. Die Lungenveränderungen sind nicht für Staublunge charakteristisch, sie können auch durch Stauung bedingt sein. Berufskrankheit auch aus rechtlichen Gründen abzulehnen, da seit 1921 keine Bergarbeit.

Es liegt hier ein typischer Fall eines Arbeiters vor, der plötzlich zu einer körperlich nicht anstrengenden Tätigkeit übergeht und durch seinen Körperbau zu Fettleibigkeit neigt. Der Fall läßt deutlich die durch Fettleibigkeit beeinträchtigte Funktion erkennen.

Fall 2. 45 Jahre alt, Gußputzer seit 15 Jahren. Vorher Hilfsarbeiter in der Gießerei. Putzt mit Lufthammer. Zur Zeit besteht Luftmangel, so daß er nachts aufstehen muß. Befund: Kräftiger, gedrungener Körperbau, guter Ernährungszustand, gesunde Gesichtsfarbe. Brustumfang 108/103, Bauchumfang 103 cm. Lungengrenzen am Dornfortsatz des 7. Brustwirbels, gut verschieblich. Lungen keine Dampfung oder Geräusche. Der Klopfschall ist vorn etwas hohl. Das Herz ist nach beiden Seiten deutlich vergrößert. Es reicht links bis zur Brustwarzenlinie. Rechts über den rechten Brustbeinrand hinaus. Der Spitzenstoß liegt im 6. Zwischenrippenraum nach außen von der Brustwarzenlinie, er ist stark hebend. Der erste Herzton ist nicht hörbar, der zweite stark betont, gespalten. Puls 105, schnell, Blutdruck 145/100. Atmung 14, nicht deutlich angestrengt. Nach 10mal Bücken Atmung 20, angestrengt, stoßweise. Puls 120. Urin klar, gelb, frei von Eiweiß und Zucker. Röntgenbefund: Beiderseits reichliche, zum Teil netzförmige Lungenzeichnung, in deren Maschen eben erkennbare Fleckchen stellenweise eingelagert sind. Herz nach beiden Seiten stark verbreitert, Hilusschatten beiderseits etwas breit. Einzelne kleine Kalkkörner beiderseits im Hilus.

Das Röntgenbild macht im wesentlichen den Eindruck einer hochgradigen Herzdilatation mit pulmonaler Stauung und leichtesten Staubveränderungen.

Fall 3. 44 Jahre, 25 Jahre am Sandstrahlgebläse. Atemnot, Brustschmerzen, Ödeme an den Füßen. Kräftig gebaut, bettlägerig. Gesicht gerötet. Über der ganzen Lunge pfeifende, giemende, schnurrende Rasselgeräusche. Keine Dämpfung. Herz nach allen Seiten deutlich vergrößert. Herztöne nicht deutlich verändert. Puls 95, Blutdruck schwankt zwischen 115 und 125. Fingerspitzen, Lippen und Füße deutlich verfärbt. Urin Eiweiß in Spuren.

Röntgenbild (Marienkrankenhaus in Gelsenkirchen). Herz stark vergrößert, nach beiden Seiten ausgedehnt. Die linke Vorkammer springt wie ein Buckel vor. Die linke Lungenwurzel ist durch den Herzschatten verdeckt. Von dort zieht sich eine streifige Verschattung nach dem Unterlappen zu. Die rechte Lungenwurzel ist verbreitert, nach unten ausgedehnt. Von ihr ziehen sich streifige Verschattungen nach dem Zwerchfell. Die Lungenzeichnung ist deutlich ausgeprägt. Die Lunge selbst ist zerstreut durchsetzt, mit hirsekorngroßen, sehr weich erscheinenden Verschattungen, die am dichtesten in der Nähe der Lungenwurzel stehen und nach außen zu abnehmen. Sie sind ziemlich verwaschen und nicht so deutlich wie bei der Staublunge.

Es wurde Stauungslunge durch Herzschwäche angenommen.

Fall 4. 58 Jahre, 32 Jahre Bergmann, 25 Jahre vor Stein, 6 Jahre Schichtlohn, 1 Jahr außer Arbeit. Luftmangel nachts, anfallsweise. Nackenkopfschmerz. Der Anfall löst sich mit reichlich grauem Auswurf.

Kräftig, gut genährt. Temperatur 37,9°. Brustumfang 100/102, Bauchumfang 109 cm. Lungenlebergrenze in Brustwarzenhöhe, hintere Lungengrenze am Dornfortsatz des 9. Brustwirbels, sie ist nicht verschieblich. Klopfschall hohl, keine Dämpfungen. Atemgeräusch abgeschwächt.

Herz nach beiden Seiten vergrößert, Herztöne dumpf und leise, rein. Puls 70, Blutdruck 115/85, Atmung 20, nicht sehr angestrengt, kann 17 Sekunden angehalten werden, dann werden die Finger blau.

Nach 4mal Bücken ist das Gesicht bläulich verfärbt. Puls 95, Atmung 24, schnaufend.

Röntgenbefund (Augusta-Krankenhaus Bochum): Das Zwerchfell steht hoch, das Herz liegt quer. Im rechten Unterfeld ziehen Stränge zur Lungenwurzel. In beiden Lungenwurzeln befinden sich Kalkeinlagerungen. Der Bogen der großen Körperschlagader springt deutlich vor. Einlagerungen in das Lungengewebe sind nicht vorhanden.

Vorgeschichte und Befund deuten auf asthmatische Beschwerden. Keine Berufskrankheit.

Fall 5. 43 Jahre, 28 Jahre Bergmann, 6—7 Jahre vor Stein, $^1/_2$ Jahr außer Arbeit. Bis zuletzt im Gedinge. Luftmangel namentlich beim Treppensteigen. Husten, grauer Auswurf. Schlaf schlecht durch Luftmangel.

Mittelkräftig, gut ernährt. Temperatur 36,3°. Brustumfang 94/88, Bauchumfang 92 cm. Lungengrenzen am Dornfortsatz des 9. Brustwirbels, sind gut verschieblich. Hustenreiz beim tiefen Atmen. Über der Lunge keine Dämpfungen, keine Geräusche. Das Atemgeräusch ist überall fast feucht.

Herz nicht vergrößert, Herztöne rein. Puls 80, regelmäßig. Blutdruck 120/70.

Röntgenbild (Augusta-Krankenhaus Bochum): Das Bindegewebe ist beiderseits vermehrt. Die Lungenwurzeln sind verbreitert, oberhalb der rechten Lungenwurzel und in ihr einige kalkige Einlagerungen. Die linke Lungenwurzel ist etwas nach oben verzogen. Beide Oberfelder sind von der Lungenwurzel ausgehend streifig verschattet. Kleinfleckige Einlagerungen bestehen nicht.

Atmung in Ruhe eben sichtbar. Nach 7mal Bücken ist das Gesicht gerötet, die Atmung angestrengt, schnaufend, 24. Der Puls ist 100.

Asthmatische Beschwerden, keine Staublungenveränderung im Röntgenbild. Die Lunge ergibt nicht das typische Bild eines Emphysems.

Fall 6. 49 Jahre, Bergmann 33 Jahre, 27 Jahre vor Stein, 2 Jahre Schichtlohn, 3 Monate außer Arbeit. Luftmangel, nachts Husten, sehr anstrengend, ohne Auswurf.

Kräftig, mittel ernährt. Nasenatmung beengt. Temperatur 36,8°. Brustumfang 91/94, Bauchumfang 93 cm. Lungengrenzen am Dornfortsatz des 8. Brustwirbels, gut verschieblich. Über der Lunge keine Dämpfung. Überall grobe feuchte Rasselgeräusche. Herz nicht deutlich vergrößert. Herztöne rein. Puls 70, Blutdruck 120/80. Atmung 24, kann 18,5 Sekunden angehalten werden, dann tritt geringe Bläuung der Hände auf.

Nach 10mal Bücken ist der Puls 90, die Atmung vertieft, 30. Keine Stauungen.

Röntgenbild (Knappschaft): Lungenwurzeln verbreitert, Bindegewebe vermehrt. In den Seitenteilen des linken Mittelgeschosses zusammenfließende Verdichtungen, sonst sind die feinfleckigen Einlagerungen verhältnismäßig gering. Zwerchfell beiderseits Verwachsungen. Herz nicht deutlich vergrößert.

Die Steinstaubveränderungen sind gering. Die Verdichtung im linken Mittelfeld scheint auf einer Rippenfellschwarte zu beruhen. Die Erschwerung der Atmung beruht auf chronischem Luftröhrenkatarrh. Keine Berufskrankheit.

Fall 7. 62 Jahre, Feilenhauer, 46 Jahre am nassen Sandstein nur die Meißel geschliffen, täglich etwa 1 Stunde. Seit 3 Jahren außer Arbeit. Luftmangel, Husten, der ihn im Schlaf stört, sehr festsitzender Auswurf, Nachtschweiße.

Kräftig, gut ernährt. Nasenatmung verstopft. Luftmangel beim Versuch durch die Nase zu atmen. Temperatur 37,5°. Brustumfang 90/93, Bauchumfang 97 cm. Lungengrenzen am Dornfortsatz des 8. Brustwirbels, wenig verschieblich. Keine Dämpfung, Atemgeräusche nicht verändert, es bestehen bisweilen grobe Rasselgeräusche.

Herz nicht vergrößert, Herztöne rein. Puls 80, Blutdruck 150/100. Atmung in der Ruhe 30, mit Brustkorb, etwas schnaufend, kann nur 5 Sekunden angehalten werden. Die Hände sind leicht bläulich verfärbt, die Fingerspitzen verdickt. Nach 2mal Bücken wird das Gesicht blaurot. Es besteht Atemnot, die Atmung ist angestrengt und keuchend, es tritt Hustenreiz auf.

Röntgenbefund (Augusta-Krankenhaus Bochum): Beiderseits ist die Lungenzeichnung erheblich vermehrt, sie zeigt wabige Anordnung. Die Spitzenfelder und oberen Zwischenrippenräume sind von linsen- bis erbsengroßen, zum Teil kalkhaltigen Flecken durchsetzt. Die linke Lungenwurzel ist nach oben verzogen, durch starke Stränge mit den Spitzenherden verbunden. Mittelschatten etwas nach links verzogen. Einige kleine Flecke auch im Mittelgeschoß. Leichte Verwachsungen auch im linken Pleurasinus.

Das Röntgenbild ergab keine sicheren Staublungenveränderungen. Es handelt sich vielmehr nur um alte abgekapselte tuberkulöse Herde. Die Bindegewebszeichnung spricht für chronischen Luftröhrenkatarrh. Eine schwere Staublunge wurde, da silikotische Veränderungen nicht mit Sicherheit zu erkennen waren, nicht angenommen.

Fall 8. 49 Jahre, 23 Jahre Bergmann, 11 Jahre vor Stein. Außer Arbeit seit 1 Jahr. Luftmangel und Brustschmerzen, Husten und gelblich schleimiger Auswurf. Kein Blutauswurf, keine Nachtschweiße.

Kräftig, mittel ernährt. Temperatur 35,6°. Brustkorb gut gewölbt. Atmung angestrengt, von feuchten Rasselgeräuschen begleitet.

Brustumfang 97/100, Bauchumfang 96 cm. Lungengrenzen am Dornfortsatz des 8. Brustwirbels, gut verschieblich. Über der Lunge keine Dämpfung, überall sind zähfeuchte Rasselgeräusche hörbar. Auswurf weißlich schleimig, ohne eitrige Bestandteile.

Herz nicht vergrößert, Herztöne rein. Puls 100, Blutdruck 170/120. Atmung 18, angestrengt, von öfteren Hustenstößen unterbrochen.

Die Hände sind nicht verfärbt, die Finger nicht verdickt.

Röntgenbefund (Augusta-Krankenhaus Bochum): Beide Lungenfelder zeigen vermehrte, zum Teil netzartige Zeichnung, in die feine Flecke in mäßiger Zahl eingelagert sind. Die Lungenwurzeln sind verbreitert. Kleine Verwachsungen an der rechten Zwerchfellkuppe. Der Herzschatten ist etwas breit.

Die Atembeschwerden sind auf den Luftröhrenkatarrh zurückzuführen. Die Veränderungen im Sinne einer Silikose sind zu gering, als daß sie als Ursache der Funktionsstörung anzusehen sind. Daher keine Berufskrankheit.

Fall 9. 49 Jahre, 35 Jahre Bergmann, 13 Jahre vor Stein. Bis vor einem Jahr Gesteinsarbeit, dann Schießmeister, seit $^1/_2$ Jahr außer

Arbeit. Druck in der Brust, dauernd Husten mit grauweißem Auswurf, namentlich morgens, wird auch nachts durch Husten wach.

Kräftig, gut ernährt. Temperatur 36,6°. Brustumfang 97/99. Bauchumfang 95 cm. Lungengrenzen am Dornfortsatz des 8. Brustwirbels, wenig verschieblich. Lungenhusten wegen Dämpfung nicht festzustellen. Sonst Klopfschall nicht verändert. Atemgeräusch, über zähe Rasselgeräusche. Es besteht heftiger Husten ohne Auswurf.

Herzdämpfung nach rechts verbreitert, Herztöne rein. Puls in der Höhe der Pulswelle nicht ganz gleichmäßig. Blutdruck 135/80. Atmung in Ruhe 28, kurz und stoßweise, kann 10 Sekunden angehalten werden, dann tritt Blaufärbung des Gesichts und Hustenreiz auf.

Die Hände sind bläulich verfärbt, die Fingerspitzen etwas verdickt. Nach 10 mal Bücken ist der Puls 100, die Atmung 28, stoßweise, das Gesicht ist deutlich gerötet.

Röntgenbefund (Augusta-Krankenhaus Bochum): Der rechte Unterlappen ist vom Herzzwerchfellwinkel nach oben in etwa Handbreite dicht verschattet. In der Umgebung zeigen sich zahlreiche fleckige Einlagerungen. Die Lungenzeichnung ist stark vermehrt, in sie sind im linken Mittelgeschoß zahlreiche kleine Flecke eingelagert. Luftröhre nach rechts verzogen. Auch im rechten Mittelgeschoß geringe kleinfleckige Einlagerungen.

Beurteilung. Die Steinstaubveränderungen im Röntgenbild sind nur gering, es bestehen daneben deutliche Veränderungen auf tuberkulöser Grundlage. In Anbetracht der Funktionsstörung ist die Staublunge als schwer anzusehen. Die Anerkennung geschah im Hinblick auf die oben angeführte Entscheidung des Reichsversicherungsamtes.

Fall 10. 48 Jahre, 27 Jahre Bergmann, 18 Jahre vor Stein. $^1/_2$ Jahr außer Arbeit. Luftmangel, keinen Husten und Auswurf. Schlechter Schlaf.

Fettleibigkeit, kurzhalsig, gedrungen. Gesichtsfarbe bläulichrot. Temperatur 36,0°. Nasenatmung verstopft, beim Versuch, nur durch die Nase zu atmen, tritt Blaufärbung des Gesichts auf.

Brustumfang 113/115, Bauchumfang 118 cm. Lungengrenzen am Dornfortsatz des 6. Brustwirbels, verschieblich. Klopfschall nicht verändert. Atemgeräusch nicht hörbar. Herzdämpfung verbreitert, Herztöne rein. Die Atmung wird 11 Sekunden angehalten, dabei Blaufärbung von Gesicht und Hände. Puls 120, die Höhe der Pulswelle ist nicht gleichmäßig. Atmung 28, angestrengt. Blutdruck 170/120.

Röntgenbefund (Augusta-Krankenhaus Bochum): Langer und breiter Brustkorb. Beide Lungenwurzeln sind stark verbreitert. Das Bindegewebe zeigt namentlich im rechten Unterlappen netzartige Zeichnung. Die von beiden Lungenwurzeln nach unten gehenden Stränge sind deutlich vermehrt und zeigen einige fleckige Einlagerungen. Der Herzschatten ist deutlich nach links verbreitert. Die Lungen sind gut lufthaltig.

Die Beurteilung lehnte Berufskrankheit ab. Die Beschwerden sind durch Fettleibigkeit und herabgesetzte Herzkraft, nicht durch Lungenveränderungen bedingt. Die Lungenveränderungen sind nur gering.

Die Atmungsbehinderung ist deutlich. Die Fettleibigkeit ist anscheinend Folge der durch die Atembeschwerden bedingte Ruhe.

Fall 11. 47 Jahre, 29 Jahre Bergmann, wechselnd vor Stein und Kohle. Seit $^3/_4$ Jahr außer Arbeit. Klagt über Luftmangel so stark, daß er nicht sprechen und von der Arbeit nicht nach Hause kommen kann. Nachtschweiße. Abends im Bett viel Husten. Viel gelber und dunkler Auswurf, besonders morgens.

Kräftig gebaut, gut ernährt. Nasenatmung beengt. Temperatur 36,6°. Brustumfang 95/99, Bauchumfang 86 cm. Lungengrenzen stehen am Dornfortsatz des 7. Brustwirkels, sie sind um 3 cm verschieblich. Über der ganzen Lunge ist der Klopfschall leicht abgeschwächt, das Atemgeräusch zeigt überall leises Giemen. Es besteht trockenes Anstoßen.

Die absolute Herzdämpfung ist etwas eingeengt.

Herz nicht vergrößert, Herztöne rein. Puls 104. Blutdruck 135/80. Die Atmung ist 20, sie kann 10 Sekunden angehalten werden, dabei nimmt die bestehende bläuliche Verfärbung der Finger zu.

Nach 7maligem Bücken tritt Kurzatmigkeit und Luftmangel auf. Die Atmung ist 28, sehr stark angestrengt. Gesicht und Hände sind bläulich verfärbt. Die Atmung geschieht mit hörbarem Giemen.

Röntgenbefund (Knappschaft): Beide Lungenwurzeln sind verbreitert. Das Bindegewebe ist stark vermehrt, von netzartiger Anordnung. Es zeigt nur in den Außenteilen einige feinfleckige Einlagerungen. Die rechte Spitze ist streifig verschattet. Das Zwerchfell steht tief und ist gewellt. Das Herz ist etwas verbreitert, der Aortenknopf springt vor.

Die Beurteilung lautete auf Lungenblähung und Luftröhrenkatarrh mit asthmatischen Beschwerden. Die geringen Lungenveränderungen haben an den bestehenden Veränderungen keinen Anteil.

Es besteht deutliche Atemnot mit silikotischen Veränderungen ersten Grades.

Fall 12. 64 Jahre, 33 Jahre Bergmann, 10 Jahre vor Stein. Arbeitet seit $^3/_4$ Jahr nicht mehr. Luftmangel, Husten, Auswurf, am meisten abends beim Zubettgehen. Schlaf durch Husten gestört, Nachtschweiße.

Kräftig, gut ernährt. Nasenatmung beengt. Brustumfang 100/101, Bauchumfang 102. Lungengrenzen am Dornfortsatz des 10. Brustwirbels, nicht verschieblich. Klopfschall hohl, Atemgeräusche abgeschwächt. Absolute Herzdämpfung ist überlagert.

Herz nicht vergrößert, Herztöne rein. Puls 70, Blutdruck 160/115. Atmung 24, schon in der Ruhe deutlich angestrengt. Sie kann 19 Sekunden angehalten werden, ohne deutliche Erscheinungen.

Die Hände sind bläulich verfärbt, die Fingerspitzen verdickt.

Nach 10mal Bücken ist der Puls 76, die einzelnen Schläge zeigen ungleiche Stärke. Die Atmung ist 28, stark angestrengt.

Röntgenbild (Augusta-Krankenhaus Bochum): Die Lungenzeichnung ist bis zur seitlichen Brustwand zu verfolgen. Es bestehen mehrere zipfelige Verwachsungen der Zwerchfellkuppe, die mit dem rechten Hilu in Verbindung stehen. Im rechten Untergeschoß einige kleinfleckige Einlagerungen.

Es wurde das Vorliegen einer schweren Steinstaublunge abgelehnt. Die Atemnot ist durch die deutliche Lungenblähung bedingt. Trotz bestehender Atembeschwerden wird die Luft ziemlich lange angehalten.

Fall 13. 44 Jahre, war von 1909—1914, dann von 1919—1922 im Sandstrahlgebläse, dann Walzarbeiter. Luftmangel, der nachts auftritt, wacht mit Atemnot auf.

Kräftig, gedrungen, mittel ernährt, blaß. Brustkorb faßförmig. Temperatur 36,8°.

Brustumfang 84/86, Bauchumfang 74 cm. Lungengrenzen tiefstehend, am Dornfortsatz des 11. Brustwirbels, sie sind deutlich verschieblich. Die absolute Herzdämpfung ist überlagert. Der Klopfschall ist über der ganzen Lunge hohl. Dämpfungen bestehen nicht. Das Atemgeräusch ist vorn rauh und feucht, hinten nicht hörbar.

Herz nicht vergrößert, Herztöne rein. Puls 70, Blutdruck 130/80. Atmung in der Ruhe 20, deutlich sichtbar.

Nach 10mal Bücken ist das Gesicht deutlich gerötet, die Atmung 28, mit Hilfsmuskeln, deutlich angestrengt. Der Puls 84, klein und weich. Das Gesicht deutlich gerötet.

Röntgenbefund (Augusta-Krankenhaus Bochum): Die Lungenzeichnung ist sehr deutlich, die Lungenwurzeln sind stark verbreitert und enthalten zahlreiche kleine Verschattungen. Links neben dem Herzen ist die Lungenzeichnung an umschriebener Stelle wabenartig. In die Lungenzeichnung sind vereinzelte bis hirsekorngroße kalkdichte Flecken eingelagert. Zwerchfell, Herz und Gefäße zeigen keine Veränderungen.

Es besteht Lungenblähung und dadurch bedingte Atemnot. Für Staublunge sind keine Anhaltspunkte gefunden.

Fall 14. Bergmann, 38 Jahre, 7 Jahre dauernd, sonst gelegentlich vor Stein. 5 Jahre Schießmeister, seit $^1/_4$ Jahr außer Arbeit. Husten, Luftmangel, Schmerzen im Kreuz.

Mittel kräftig, mäßig ernährt, blaurötliche Gesichtsfarbe. Häufiger bellender Husten, dazwischen giemende Atmung. Temperatur 36,2°. Fingernägel bläulich verfärbt.

Brustumfang 96/97, Bauchumfang 92 cm. Lungengrenzen am Dornfortsatz des 8. Brustwirbels, Verschieblichkeit ist nicht festzustellen, da durch den Versuch zu atmen heftige Hustenanfälle ausgelöst werden. Lungen gebläht, Herzdämpfung überlagert, Klopfschall hohl, Atemgeräusche nicht hörbar.

Das Herz ist anscheinend nach rechts vergrößert. Puls 85, klein, weich. Herztöne rein. Blutdruck 130/90. Es besteht starke Atemnot, die Zahl der Atemzüge ist wegen dauernden Hustens nicht festzustellen. Auswurf wird nicht hervorgebracht.

An der Außenseite beider Arme sowie am Oberschenkel bläulichrote, quaddelartige Hautverdickungen.

Röntgenaufnahme (Augusta-Krankenhaus Bochum): Die Lungenwurzeln sind verbreitert, etwas nach unten verzogen. Die Lungenzeichnung ist stark vermehrt, in den Unterlappen netzförmig. In dieselbe sind reichlich kleine bis linsengroße Flecken eingelagert. Zwerchfellkuppen etwas unscharf, gut gerundet. Herz- und Gefäßschatten regelrecht.

Die Veränderungen im Sinne einer Steinstaublunge wurden noch nicht als derart hochgradig angesehen, daß man sie als schwer bezeichnen konnte. Außerdem spricht die starke Empfindlichkeit beim Atmen, mehr für einen Reizzustand der Bronchialschleimhaut. Die Quaddeln an den Gliedern lassen an einen allergischen Zustand denken. Es dürfte eine Pneumonose im Sinne Breuers bestehen, die den Hautquaddeln entspricht.

Fall 15. 55 Jahre, 5 Jahre Schleifer an Schmirgelscheibe, nahe am Sandstrahl, seit $1/4$ Jahr außer Arbeit. Schleift Teile, die im Sandstrahlgebläse gereinigt sind. Klagt über Luftmangel, Husten, Schmerzen in der Brust.

Kräftig, gut ernährt. Schnaufende, hörbare Atmung mit Beteiligung der Flanken. Brustumfang 99/101. Lungengrenzen am Dornfortsatz des 9. Brustwirbels, nicht verschieblich. Lunge gebläht. Herzdämpfung überlagert, Atemgeräusch leise und feucht. Puls 86, Blutdruck 130/80. Nach 5 mal Bücken ist das Gesicht gerötet, es besteht sehr starke Kurzatmigkeit. Atmung 36, stark schnaufend. Puls 85.

Röntgenbefund (Augusta-Krankenhaus Bochum): Hochstehendes Zwerchfell. Herz quergelagert in das Zwerchfell eingesenkt. Herz nicht deutlich vergrößert. Hilusschatten beiderseits verbreitert, links mit kalkhaltigen Einlagerungen. Lungenzeichnung beiderseits im Mittel- und Untergeschoß verstärkt, netzförmig. Nur ganz geringe Fleckung im rechten Untergeschoß.

Es besteht Lungenstarre mit asthmatischen Beschwerden. Eine sichere Staublunge besteht nicht. Sehr starke Atembeschwerden.

Die vorstehenden Fälle zeigen sämtlich klinische Erscheinungen, die den Verdacht auf Staublunge erwecken. In einem Falle wurde eine schwere Staublunge anerkannt, da zwar Tuberkulose im Vordergrund stand, aber daneben sichere Staublungenerkrankungen vorhanden waren und der allgemeine Zustand als schwer angesehen wurde. In den übrigen Fällen konnte durch die Untersuchung nachgewiesen werden, daß die Atemnot nicht in unmittelbarem Zusammenhang mit den Veränderungen im Sinne einer Silikose stand, daß vielmehr die Atembeschwerden auch ohne die bestehenden silikotischen Lungenveränderungen zu erklären waren. Es wird hierbei besonders darauf hingewiesen, daß bei Leuten, die aus irgendwelchen Gründen die gewohnte schwere Berufsarbeit aufgeben, bei entsprechendem Körperbau Fettleibigkeit mit erheblichen Atembeschwerden auftritt, auch ohne daß sichere silikotische Veränderungen vorliegen. Gleiche Erscheinungen können auch dann auftreten, wenn Arbeitsruhe erzwungen wird, weil die Atmung durch Staubeinwirkung erschwert ist. In diesem Falle sind die durch die Fettleibigkeit und Verfettung des Herzens bedingten Stauungen und Atembeschwerden als Folge der Silikose anzusehen. Sie können bewirken, daß die Silikose als schwer anzusehen ist.

Gruppe B.
Deutliche Funktionsstörung bei geringen Veränderungen des Röntgenbildes.

Fall 16. 61 Jahre, untersucht 27. Jan. 1931. War von 1921—1928 Gußputzer, hat früher in der Verzinkerei ,dann meist am Schmirgelstein ohne Absaugung gearbeitet. Es mußte sandige Sachen bearbeiten, klagt über Schmerzen in der linken Seite, namentlich bei feuchtem Wetter, viel Auswurf.

Befund: 168 cm groß, 90 kg schwer. Temperatur 36°, kräftig gebaut, gut ernährt, Nasenatmung frei, Brustumfang 104/106, Bauchumfang 108 cm. Vitalkapazität 1600. Lungengrenzen am Dornfortsatz des 9. Brustwirbels, etwas verschieblich. Über der Lunge keine Dämpfung. Atemgeräusch etwas abgeschwächt, keine Geräusche. Herzspitzenstoß an normaler Stelle. Herzdämpfung nicht vergrößert. Puls 125, Atmung 24, kann 5 Sekunden angehalten werden, dann tritt Kurzatmigkeit auf. Die Atmung ist schon in Ruhe schnaufend. Die Finger sind leicht bläulich verfärbt. Blutdruck 145/90. Röntgenbefund (K. G. Hamm): Bindegewebe stark vermehrt, in wabiger, netzförmiger Anordnung bis an die Grenzen der Lungenfelder. Rechte Lungenwurzel nach unten verzogen. Im linken Unterlappen eine kalkdichte runde kirschgroße Einlagerung, die von dichten Bindegeweben umwuchert ist.

Es liegt eine deutliche Lungenblähung vor, umschriebene knotige Bindegewebsvermehrungen sind nicht vorhanden. Dort scheint das Bindegewebe durch Staubeinwirkung vermehrt, so daß man doch wohl Staubeinwirkung annehmen kann, da die Lungenblähung nicht das typische Bild des Blähungsemphysems zeigt (Silikose ersten Grades?).

Fall 17. 43 Jahre, 27 Jahre Bergmann, 4 Jahre vor Stein, 13 Jahre Steiger. Seit 3 Monaten außer Arbeit. Luftbeklemmungen, trockener Husten, namentlich nachts beim Liegen auf der rechten Seite.

Wenig kräftig, lang, abgemagert; blasse, etwas gelbliche Gesichtsfarbe. Anstoßender, trockener Husten. Sprache abgehackt, kurzatmig, Nase frei, Temperatur 37,2°.

Brustumfang 82/89, Bauchumfang 71 cm. Lungengrenzen am Dornfortsatz des 9. Brustwirbels, wenig verschieblich. Rechts hinten unten Dämpfung. Klopfschall über den Spitzen deutlich hohl. Herzdämpfung überlagert. Unter dem rechten Schlüsselbein Dämpfung mit klapperndem Beiklang. Atemgeräusche über der ganzen Lunge abgeschwächt, unter dem rechten Schlüsselbein leise, hauchend, mit bronchialem Beiklang. Rechts hinten unten rauhes Atmen.

Herz nicht deutlich vergrößert. Herztöne leise, rein. Puls 112, Blutdruck 110/60. Atmung schon in Ruhe kurz, stoßweise, angestrengt, 36, kann 8 Sekunden angehalten werden. Dann treten Blaufärbung der Hände und Atemnot auf.

Röntgenbefund (Augusta-Krankenhaus Bochum): Langer, schmaler Brustkorb. Lungenfelder zeigen eine feine, linienförmige Zeichnung, die bis zum Brustkorbrand geht und stellenweise wabigen Bau zeigt. In der Nähe der Lungenwurzeln verkalkte Einlagerungen.

Deutliche Atembeschwerden ohne sichere silikotische Veränderung. Jedoch spricht die vermehrte Lungenzeichnung für eine beginnende silikotische Veränderung. Im Gegensatz zu der geringen Veränderung des Röntgenbildes stehen die schweren Funktionsstörungen, für die aus dem Untersuchungsbefund keine Ursache zu erkennen ist, so daß sie auf Veränderungen des atmenden Gewebes zurückgeführt werden müssen (Silikose ersten Grades?).

Fall 18. 55 Jahre, Bergmann 35 Jahre, 18 Jahre vor Stein. Seit 5 Jahren Schichtlohn, seit $^1/_2$ Jahr außer Arbeit. Luftmangel, wenig Husten, wenig Auswurf, Nachtschweiße.

Kräftig gebaut, mittel ernährt, blasse, leicht ins Bläuliche spielende Gesichtsfarbe, leicht bläulich verfärbte Hände. Nase frei. Temperatur 37,1°.

Brustumfang 87/89, Bauchumfang 82 cm. Lungengrenzen am Dornfortsatz des 7. Brustwirbels, gut verschieblich. Die linke Ober- und Unterschlüsselbeingrube ist etwas eingesunken. Über der linken Lunge ist vorn der Klopfschall etwas hohl, die Herzdämpfung ist überlagert, das Atemgeräusch ist über der ganzen Lunge etwas rauh, deutliche Geräusche bestehen nicht.

Das Herz ist nach beiden Seiten etwas vergrößert, die Herztöne sind rein, der Puls ist 92, der Blutdruck 125/90.

Die Atmung ist 26, schnaufend, sie kann 10 Sekunden angehalten werden, dann wird der Herzschlag schneller, die Hände zittern, die Armvenen schwellen an.

Nach 10mal Bücken ist die Atmung 30, stark angestrengt, der Puls 110, die Finger blau verfärbt.

Film (Knappschaft): Beide Lungenfelder zeigen ein stark vermehrtes Bindegewebe mit ziemlich dicht stehender, in den Seitenfeldern angehäufter, kleinfleckiger Verschattung. Beide Lungenwurzeln sind verbreitert, das linke Lungenfeld zeigt eine von der Wurzel ausgehende streifige Verschattung. Die rechte Spitze erscheint etwas verschattet. Das rechte Zwerchfell ist durch herabziehende Streifen mit der Lungenwurzel verbunden und zeigt Verwachsungen. Das linke Zwerchfell steht 2—3 cm tiefer als das rechte. Über ihm ist das Lungengewebe deutlich aufgehellt. Das Herz ist groß, von Kugelform.

Zwar hat die fleckige Verdichtung noch keinen besonders hohen Grad erreicht und zeigt kein Zusammenfließen, die Staublunge war aber trotzdem als schwer anzusehen, da Verwachsungen des Zwerchfells und Blähung des Unterlappens bestanden. Außerdem sind Herztätigkeit und Atmung bereits in Mitleidenschaft gezogen. Silikose zweiten Grades.

Fall 19. 48 Jahre, 31 Jahre Bergmann, 19 Jahre vor Stein. $^1/_4$ Jahr außer Arbeit. Schmerzen in der Brust, Husten ohne Auswurf, Nachtschweiße, Atemnot beim Gehen.

Schlanker Körperbau, mittlerer Ernährungszustand, blaß.

Brustumfang 85/90, Bauchumfang 76 cm. Lungengrenzen am Dornfortsatz des 8. Brustwirbels, sie sind nicht verschieblich. Über den Lungen keine Dämpfung und keine Veränderung des Atemgeräusches.

Herz nicht vergrößert, Herztöne rein, Puls 75, regelmäßig. Blutdruck

140/70. Atmung 22, nicht besonders angestrengt. Nach 10mal Bücken ist die Atmung beschleunigt, 40, vertieft, keine Stauung. Puls 100.

Röntgenbild (Augusta-Krankenhaus Bochum): Schmaler Brustkorb, verbreiterte Lungenwurzeln, feinfleckige bis linsengroße, über beide Lungen verteilte Fleckung, die in den Seitenteilen dichter steht. Spitzen frei. Herz nicht vergrößert. Linkes Zwerchfell tieferstehend als rechtes.

Wegen der Erschwerung der Atmung bei geringen Anstrengungen als schwer beurteilt. Silikose zweiten Grades.

Fall 20. 44 Jahre, 28 Jahre Bergmann, die letzten 5 Jahre vor Stein. 4 Monate außer Arbeit. Luftmangel, namentlich abends, wenig Husten und Auswurf, Nachtschweiße.

Sehr kräftig, fettleibig, gerötete Gesichtsfarbe. Nase frei. Brustumfang 114/114, Bauchumfang 120 cm. Lungengrenzen am Dornfortsatz des 10. Brustwirbels, gut verschieblich. Über der Lunge keine Dämpfung oder Geräusche.

Die Herzdämpfung ist nach beiden Seiten verbreitert. Das Herz ist quergelagert. Die Herztöne sind rein. Die Tätigkeit ist beschleunigt, der Puls 120, der Blutdruck 130/70. Die Atmung 24, schon in der Ruhe etwas angestrengt. Nach 10mal Bücken ist die Atmung stark schnaufend, 32, der Puls 130, das Gesicht stark gerötet.

Röntgenbefund (Knappschaft): Beide Lungenwurzeln verbreitert. Beide Lungenfelder sind von einer dichten, im einzeln hirsekorngroßen Fleckung durchsetzt, die noch kein deutliches Zusammenfließen zeigt. Die linke Lunge ist im Oberteil streifig verschattet, die Spitzen sind frei. Die Verschattungen stehen in den Seitenteilen besonders dicht.

In Anbetracht der Funktionshinderung ist die Staublunge als schwer anzusehen. Die Fettleibigkeit wirkt ebenfalls auf die Funktion ein, doch ist sie durch die erzwungene Untätigkeit bedingt. Silikose ersten bis zweiten Grades.

Fall 21. 50 Jahre, Bergmann seit 31 Jahren, 21 Jahre vor Stein. Seit 1 Jahr außer Arbeit. Luftmangel, namentlich bei Fahrtenklettern, Atemnot, Herzklopfen beim Gehen. Trockener Husten, Schlaf durch Luftmangel schlecht.

Kräftig gebaut, mittel ernährt. Nase frei. Temperatur 36,9°. Brustumfang 96/99, Bauchumfang 93 cm. Lungengrenzen am Dornfortsatz des 9. Brustwirbels, wenig verschieblich. Gegend der rechten Lungenwurzel vielleicht etwas gedämpft. Rechts hinten unten Schall allgemein etwas verkürzt. Atemgeräusch leise, sonst unverändert.

Herz nicht vergrößert, Herztöne rein. Puls 80. Blutdruck 115/50, Atmung in Ruhe 18, mit Oberbauch, kann 6 Sekunden angehalten werden. Nach 10mal Bücken ist der Puls 100, die Atmung 30, angestrengt, schnaufend. Die Sprache ist abgehackt, kurz.

Röntgenbefund (Augusta-Krankenhaus Bochum): Hochstehendes Zwerchfell, linsengroßer Kalkfleck rechts neben dem Herzen. Beide Lungenfelder in ganzer Ausdehnung gefleckt, nach unten zu dichter. Feine Interlobärspange im rechten Mittelgeschoß. Hilusschatten beiderseits unscharf begrenzt. Herz nicht vergrößert.

Schwere Staublunge wegen der bestehenden Erschwerung der Atmung, trotzdem die Silikoseveränderungen noch nicht besonders stark sind. Silikose ersten bis zweiten Grades.

Fall 22. 49 Jahre, 33 Jahre Bergmann, 23 Jahre vor Stein. 14 Monate außer Arbeit. Letzte 2 Jahre Schichtlohn. Luftmangel, Husten, namentlich morgens beim Aufstehen, mit sehr festsitzendem, gelblichem Auswurf. Stiche in der Brust und unter den Schulterblättern. Nachtschweiße, Schwindel.

Kräftig gebaut, gut ernährt. Nase frei. Temperatur 36,6°. Brustumfang 96/102, Bauchumfang 99 cm. Lungengrenzen am Dornfortsatz des 9. Brustwirbels, nicht verschieblich. Über der Lunge keine deutlichen Dämpfungen oder Geräusche. Rechts hinten unten Schall vielleicht etwas verkürzt. Atemgeräusch unverändert. Stimmklang und Stimmschwirren überall anscheinend etwas abgeschwächt.

Herz nicht vergrößert, Herztöne rein. Puls 110, Blutdruck 130/90, Atmung 26, kurz und schnaufend. Sie kann nur 7,5 Sekunden angehalten werden. Die Hände sind bläulich verfärbt. Nach 5mal Bücken ist die Atmung 40, angestrengt, das Gesicht blaß, bläulich verfärbt. Der Puls ist nicht schneller, aber deutlich ungleich in der Höhe der Pulswelle.

Röntgenbefund (Augusta-Krankenhaus Bochum): 8. und 9. Rippe links hinten ausgeheilte Brüche. Beide Lungen sind in ganzer Ausdehnung von einer feinen Fleckung durchsetzt, die links verhältnismäßig locker ist, rechts dichter steht. Lungenwurzeln beiderseits verbreitert.

Schwere Staublunge wegen der Erschwerung der Atmung anerkannt. Die Verschattungen sind nicht als besonders stark zu bezeichnen, die Atmungsbeschwerden sind im Gegensatz dazu recht erheblich. Silikose ersten Grades.

Fall 23. 41 Jahre, Bergmann 25 Jahre, vor Stein 22 Jahre. 6 Monate außer Arbeit. Luftmangel, Husten ohne Auswurf. Schlaf schlecht durch Luftmangel. Kann nicht auf dem Rücken liegen.

Kräftig, mittel ernährt, gealtertes Aussehen, ergraute Haare, Nase beengt.

Brustumfang 91/94, Bauchumfang 88 cm. Lungengrenzen am Dornfortsatz des 8. Brustwirbels, nicht verschieblich. Atemgeräusch über der ganzen Lunge etwas scharf, etwas giemend, nach tiefem Atmen tritt Husten auf. Keine Dämpfungen.

Herz nicht vergrößert, Töne rein. Puls 105, regelmäßig. Atmung in Ruhe 32, etwas angestrengt, kann 7 Sekunden angehalten werden, dann tritt Husten auf. Nach 10mal Bücken ist die Atmung 32, stark angestrengt, der Puls 129. Die Armvenen sind deutlich geschwollen, das Gesicht ist gerötet.

Röntgenbefund (Knappschaft): Beide Lungenwurzeln sind stark verbreitert, die Lungenfelder zeigen deutliche Bindegewebsvermehrung und sind von einer feinen, im einzelnen hirsekorn- bis erbsengroße Fleckung durchsetzt, die in den Seitenteilen angeordnet ist und rechts beginnendes Zusammenfließen zeigt. Beiderseits über dem Zwerchfell verschwindet die Zeichnung, der Luftgehalt erscheint dort vermehrt. Das rechte Zwerchfell ist gebuckelt, das linke verwachsen. Das Herz erscheint etwas breit.

Wegen Erschwerung der Atmung und Lungenblähung als schwere Staublunge angesehen. Silikose zweiten Grades.

Fall 24. 59 Jahre, 30 Jahre Steinmetz, 2 Jahre außer Arbeit. Luftmangel, Schweißausbruch, Nachtschweiße, Mattigkeit. Schlaf durch Luftmangel und Husten gestört.

Kräftig gebaut, faßförmiger Brustkorb, fettleibig. Sprache abgehackt, kurzatmig, Gesicht gerötet. Nase beengt. Temperatur 36,5°. Brustumfang 103/104, Bauchumfang 106 cm. Lungengrenzen am Dornfortsatz des 11. Brustwirbels, nicht verschieblich. Klopfschall nicht verändert. Atemgeräusch überall rauh und feucht, unter dem rechten Schlüsselbein bronchial.

Herz nicht deutlich vergrößert, Herztöne dumpf, aber rein. Puls 80, Blutdruck 175/125. Atmung 24, angestrengt, mit Oberbauch. Keine deutlichen Stauungserscheinungen.

Nach 3 mal Bücken starke Kurzatmigkeit mit Schwindel, Gesicht gerötet, Atmung stark schnaufend, 30, Puls 90.

Röntgenbefund (Augusta-Krankenhaus Bochum): Sehr starker Fettansatz, Zwerchfell etwas hochstehend.

Beide Lungenfelder sind von Streifen und Flecken durchsetzt, rechts stärker als links. Luftgehalt deutlich rechts herabgesetzt. In beiden Lungenwurzeln und ihrer Umgebung finden sich zahlreiche kalkdichte Einlagerungen. Herz querliegend, etwas breit. Herzzwerchfellwinkel besonders verschleiert. Beide Lungenwurzeln verbreitert.

Die Beurteilung des Bildes ist durch das starke Fettpolster erheblich erschwert. Die Lungenveränderungen scheinen noch nicht sehr hochgradig zu sein.

Die Beurteilung ist zweifelhaft in Anbetracht, daß die Fettleibigkeit an sich schon eine wesentliche Erschwerung der Atmung verursachen konnte. Der Fall wurde nicht als schwere Staublunge angesehen. Man kann aber auch der Ansicht sein, daß die Fettleibigkeit Folge der durch die Atmungsstörungen bedingten Untätigkeit ist, und daß daher die Arbeitsunfähigkeit auf Staublunge beruht. Silikose ersten bis zweiten Grades.

Fall 25. 63 Jahre, Nadelschleifer, vom 15. Lebensjahr auf Sandstein, später Schmirgelscheibe 22 Jahre. An den Nadeln ist kein Sand, sondern nur feiner Eisenstaub. Seit 4 Jahren außer Arbeit. Atembeschwerden, namentlich nachts und beim Bergaufgehen. Wenig Husten. Auswurf von grauer, schleimiger Beschaffenheit.

Mittelkräftig, mittelernährt. Lungengrenzen verschieblich, am Dornfortsatz des 8. Brustwirbels. Brustumfang 97/91.

Atemgeräuch unter dem linken Schlüsselbein deutlich verlängert, Ausatmung unter dem linken Unterlappen verschärft. Keine Dämpfungen Puls 85, Blutdruck 120/50. Herz ohne Besonderheiten.

Nach 10 mal Bücken ist die Atmung stark schnaufend, 40. Der Puls 100, sehr klein und kaum fühlbar.

Röntgenbefund (Städtisches Krankenhaus Dortmund): An der Lungenwurzel mäßige, anscheinend alte Verdichtungen. Die Lungenfelder sind mit diffusen, kleinknotigen, teilweise streifig angeordneten

Schattenbildungen durchsetzt. Zwerchfell beiderseits glatt. Die linke Seite ist weit mehr beteiligt als die rechte.

Beurteilung: Staublunge in Verbindung mit Tuberkulose, wie aus der Bevorzugung der linken Seite geschlossen werden kann. Der Zustand ist als schwer anzusehen, da eine deutliche Einschränkung der Atmung und Herztätigkeit besteht. Die eigentliche Ursache liegt in der Arbeit mit Sandstein, jedoch ist während der Arbeit am Kunststein eine deutliche Verschlimmerung aufgetreten. Silikose ersten bis zweiten Grades.

Fall 26. 65 Jahre, 49 Jahre Bergmann, immer vor Stein bis zuletzt. Seit 1 Jahr außer Arbeit. Beklemmung, Luftmangel. Beim Liegen auf der linken Seite Husten und Schmerzen.

Altes Aussehen, mäßig ernährt, mittelkräftig. Nase verstopft. Bereits beim Ausziehen tritt Rötung des Gesichtes auf. Temperatur 35,9°.

Brustumfang 87/92, Bauchumfang 83 cm. Lungengrenzen am Dornfortsatz des 8. Brustwirbels, verschieblich. Klopfschall vorn hohl, keine Dämpfung. Giemen über dem linken Oberlappen, sonst Atemgeräusch nicht verändert.

Herz nicht vergrößert, Herztöne rein. Puls 84, Blutdruck 120/85. Atmung 18, nicht vertieft, kann 8 Sekunden angehalten werden, dabei schwellen die Blutadern der Arme an und die Hände werden blau. Nach 4mal Bücken Schwindel. Die Hände werden blau, die Atmung ist 47, vertieft. Puls 92.

Röntgenbild (Knappschaft): In der rechten Spitze findet sich eine apfelgroße Verdichtung in Höhe des Schlüsselbeins. Beide Lungenwurzeln sind verbreitert. Die Lungenzeichnung ist deutlich, das Zwerchfell steht tief. In den unteren Lungenteilen ist die Zeichnung nicht sichtbar. Dort ist der Luftgehalt deutlich vermehrt. Im rechten Unterlappen einige kleinfleckige Einlagerungen.

Wegen der geringen Veränderungen im Sinne einer Staublunge wurde Berufskrankheit nicht anerkannt. Silikose? Tuberkulose.

Fall 27. 49 Jahre, 24 Jahre Bergmann, mit 6 Jahre Unterbrechung, 15 Jahre vor Stein, 3 Jahre in Schichtlohn, seit einem Jahr außer Arbeit. Schmerzen beim Atemholen, Husten, Luftmangel, namentlich bei Hustenanfällen.

Mittel ernährt, mittel kräftig. Gesichtsfarbe blaß. Öfters Hustenanfälle, dabei entleert sich zäher weißer Schleim ohne eitrige Bestandteile. Temperatur 37,1°. Nase rechts beengt, links verstopft.

Brustumfang 86/90, Bauchumfang 78 cm. Runder Rücken. Lungengrenzen am Dornfortsatz des 10. Brustwirbels, nicht verschieblich. Dämpfungen bestehen nicht, vorn besteht Schachtelton. Herzdämpfung überlagert. Atemgeräusche vorn normal, hinten unten abgeschwächt.

Herz nach rechts vergrößert, Herztöne rein. Puls 86, Blutdruck 125/80. Atmung 20, mit Oberbauch, deutlich sichtbar. Sie kann 14 Sekunden angehalten werden. Nach 5mal Bücken ist das Gesicht gerötet, die Hände sind bläulich verfärbt, das Atmen geschieht sehr angestrengt, mit Hilfsmuskeln, Puls 110.

Röntgenbefund (Knappschaft): Beide Lungenwurzeln sind verbreitert. Das rechte Mittelfeld zeigt eine lockerstehende grobfleckige Verschattung. Die Lungenzeichnung ist stark vermehrt. Das rechte Lungenfeld zeigt oben und das linke in seiner ganzen Ausdehnung eine undeutliche diffuse Verschattung. Das rechte Zwerchfell ist verwachsen, Gefäße sind nicht verbreitert. Die kleinfleckige Verschattung steht sehr locker und ist nur im rechten Mittelfeld dichter. Die Unterfelder sind beiderseits, namentlich rechts stark lufthaltig.

Beurteilung: Es besteht Erschwerung der Atmung mit Zeichen von Lungenblähung. Die vorhandenen Zeichen einer Steinstaublunge sind sehr gering, man kann daher die Erkrankung nicht auf die silikotische Veränderung zurückführen. Eine Berufskrankheit liegt daher nicht vor.

Die Entscheidung ist meines Erachtens nicht aufrechtzuerhalten, für die Funktionseinschränkung sind andere Veränderungen nicht festgestellt worden. Silikose ersten Grades.

Fall 28. 30 Jahre Bergmann, 6 Jahre vor Stein, 12 Jahre vor Nebengestein, seit 5 Monaten außer Arbeit. Luftmangel, kann nicht flott gehen. Schlaf schlecht durch Beklemmungen, dauernder Husten mit wenig Auswurf.

Sehr kräftig, sehr gut ernährt, Gesicht gerötet, Sprache kurzatmig, Nase frei.

Brustumfang 100/97, Bauchumfang 100 cm. Lungengrenzen vorn in Brustwarzenhöhe, hinten am Dornfortsatz des 9. Brustwirbels, nicht verschieblich. Klopfschall vorn etwas hohl, Atemgeräusch nicht deutlich verändert, es ist etwas leise.

Herz nicht deutlich vergrößert, Puls 85. Herztöne rein, Tätigkeit regelmäßig. Atmung 28, schon in Ruhe etwas schnaufend und kurzatmig, sie kann 11 Sekunden angehalten werden, dann tritt bläuliche Färbung des Gesichtes auf, der Puls wird schneller, es besteht Atemnot.

Nach 10 mal Bücken ist die Atmung 40, es besteht äußerste Atemnot, Blaufärbung der Hände, starke Rötung des Gesichtes.

Röntgenbefund (Augusta-Krankenhaus Bochum): Beide Lungenfelder sind von einer feinen Fleckung durchsetzt, die rechts dichter steht, links weniger dicht ist. Lungenwurzeln beiderseits verbreitert. Unter dem rechten Schlüsselbein ist die Fleckung am dichtesten und beginnt dort zusammenzufließen.

Das Röntgenbild bietet noch nicht das Bild der „schweren Form", doch sind deutliche Lungenveränderungen vorhanden. Es besteht bereits in der Ruhe eine deutliche Kurzatmigkeit, die sich bei Anstrengung wesentlich steigert. Für dieselbe ist außer den Lungenveränderungen ein erkennbarer Grund nicht vorhanden. Die Staublunge ist daher als schwer anzusehen. Silikose zweiten Grades.

Fall 29. 44 Jahre, 30 Jahre Bergmann, 22 Jahre vor Stein, dann Schießaufseher, seit 2 Jahren außer Arbeit. Schmerzen in der Brust, Luftmangel, kann keine Fahrten mehr klettern. Kein Husten, kein Auswurf.

Kräftig gebaut, gut ernährt. Gesicht gerötet, Sprache etwas heiser. Nase frei, Temperatur 37,0°. Brustumfang 105/107, Bauchumfang

111 cm. Lungengrenzen am Dornfortsatz des 8. Brustwirbels, nicht verschieblich. Klopfschall und Atemgeräusch unverändert.

Herz nach beiden Seiten vergrößert, Herztöne dumpf, rein. Puls 84, regelmäßig. Blutdruck 110/70. Atmung 22, sie kann 5 Sekunden angehalten werden, dann tritt Blaufärbung der Lippen auf.

Nach 10 mal Bücken verstärkt sich die Rötung des Gesichts deutlich, Atmung angestrengt, schnaufend, 30, Puls 96.

Röntgenbefund (Augusta-Krankenhaus Bochum): Beide Lungenwurzeln sind verbreitert, von zahlreichen kalkigen Flecken durchsetzt, die zum Teil Schalenform zeigen. Auch beiderseits neben dem Gefäßschatten finden sich derartige Kalkflecken. Von der rechten Lungenwurzel ziehen seitlich horizontale Spangen. Das rechte Lungenfeld unterhalb dieser Spangen ist von dichtstehenden kleineren und gröberen Flecken durchsetzt. Auch das linke Unterfeld zeigt feine bis erbsengroße Flecken. Die oberen Lungenabschnitte weisen beiderseits eine dichte, netzartige Lungenzeichnung mit feinen eingelagerten Flecken auf.

In Anbetracht der erheblichen Atemstörung ist die Staublunge als schwer angesehen worden. Silikose ersten bis zweiten Grades.

Fall 30. 59 Jahre, 11 Jahre Bergmann, 30 Jahre Steiger, seit 10 Jahren im Vorrichtungsrevier. Husten, Auswurf, Luftmangel, Schmerzen beim tiefen Atmen.

Mittelkräftig, mittel ernährt, Gesicht gerötet, Atmung kurz und schnaufend, Sprache abgehackt, kurzatmig. Nasenatmung namentlich links deutlich beengt. Temperatur 36,2°. Brustumfang 92/95, Bauchumfang 90 cm. Rechts hinten unten Lungengrenzen am Dornfortsatz des 9. Brustwirbels, sie sind nicht verschieblich. Rechts hinten unten handbreite Dämpfung. Bei der Atmung ist schon aus der Entfernung Giemen hörbar, bei tiefer Einatmung tritt Husten auf. Unter dem linken Schlüsselbein hat das Atemgeräusch einen bronchialen Beiklang. Über dem linken Unterlappen besteht Giemen und Pfeifen, über dem rechten ist das Atemgeräusch nicht hörbar. Der Klopfschall ist vorn hohl. Die absolute Herzdämpfung ist fast völlig überlagert.

Das Herz erscheint nach allen Seiten hin vergrößert. Die Herztöne sind nicht deutlich verändert. Puls 110, Blutdruck 120/70. Die Luft wird 8 Sekunden angehalten, danach tritt starker Hustenreiz und deutliche Kurzatmigkeit auf. Die Atmung ist 20, angestrengt unter starker Beteiligung des Oberbauches, sie ist von pfeifenden, weithin hörbaren Geräuschen begleitet.

Der Auswurf ist weiß mit gelblichen Bestandteilen, in denen Tuberkelbazillen nicht gefunden sind.

Röntgenbild (Allgemeine Ortskrankenkasse Dortmund): Beide Lungen sind ziemlich locker, von kleinfleckigen Verschattungen durchsetzt, die im linken Oberlappen seitlich etwas zusammenfließen. Die rechte Lungenwurzel ist etwas verbreitert. Die Lungenzeichnung ist deutlich und zeigt besonders im rechten Unterlappen netzartigen Bau. Die Zwerchfellkuppen sind abgeflacht, das Zwerchfell steht tief.

Es wurde in Anbetracht der vorhandenen Lungenveränderungen und der bestehenden Atemnot eine schwere Staublunge angenommen. Die

Atemnot beruht allerdings sicher zum Teil auch auf Veränderungen im Sinne eines Luftröhrenkatarrhs und einer Lungenblähung. Silikose zweiten Grades.

Fall 31. 43 Jahre, 27 Jahre Bergmann, 25 Jahre vor Stein, 2 Monate außer Arbeit. Brustschmerzen, Luftmangel, Kopfschmerzen, Schwäche, Husten, gelegentlich Auswurf, Nachtschweiße, Gewichtsabnahme.

Kräftig, gut ernährt, Nase frei, Temperatur 36,1°. Brustumfang 104/104, Bauchumfang 102 cm. Lungengrenzen am Dornfortsatz des 8. Brustwirbels, nicht verschieblich, Klopfschall vorn hohl. Keine Dämpfung. Atemgeräusch nicht hörbar.

Herz nach rechts verbreitert, Herztöne rein. Puls 76, Atmung angestrengt mit Oberbauch, kann 6 Sekunden angehalten werden.

Nach 10mal Bücken Puls 100, Atmung 36, angestrengt, schnaufend. Gesicht stark gerötet.

Röntgenbild (Augusta-Krankenhaus Bochum): Das ganze rechte Lungenfeld ist verschleiert und verschmälert. Die Zwischenrippenräume rechts sind verengt, Herzschatten, Gefäße, Luftröhre sind nach rechts verzogen. Linke Seite zeigt erheblich vermehrte Lungenzeichnung mit feinfleckigen Einlagerungen in mäßiger Zahl. Linke Lungenwurzel verbreitert. Rechts ist eine vermehrte Lungenzeichnung durch die Einlagerungen hindurch zu erkennen, Herz- und Gefäßschatten verbreitert. Es liegt eine ausgedehnte Pleuraschwarte mit mäßigen Staubveränderungen vor.

Beurteilung: In Anbetracht des Gesamtzustandes, bei dem die Staublungenveränderungen wesentlich mitwirken, Berufskrankheit anerkannt. Silikose ersten Grades mit Pleuritis.

Fall 32. 58 Jahre, Bergmann 37 Jahre, Gesteinsarbeit 25 Jahre, seit 6 Jahren Schichtlohn, 2 Monate außer Arbeit. Luftmangel, Husten mit schleimigem Auswurf, Nachtschweiße. Blutauswurf vor einigen Jahren.

Mittelkräftig, mäßig ernährt. Sprache abgehackt. Gesicht gerötet. Hände nicht verfärbt. Temperatur 36,5°, Nase verstopft, Atemnot beim Versuch, nur durch die Nase zu atmen. Brustumfang 90/93, Bauchumfang 81 cm. Lungengrenzen am Dornfortsatz des 7. Brustwirbels, etwas verschieblich. Herzdämpfung nicht überlagert. Klopfschall nicht deutlich verändert, über den Unterlappen bestehen einige feuchte Rasselgeräusche, sonst ist das Atemgeräusch nicht verändert.

Herz anscheinend nach allen Seiten etwas vergrößert, Herztöne rein. Puls 120, regelmäßig. Blutdruck 145/90, Atmung 28, etwas schnaufend, sie kann 7 Sekunden angehalten werden.

Nach 5mal Bücken tritt starke Atemnot auf, das Gesicht ist blau, Atmung stark keuchend, 48, Puls 126.

Röntgenbefund (Knappschaft): Beide Lungenwurzeln sind verbreitert, die Lungenzeichnung ist stark vermehrt. Im linken Unterlappen ist die Zeichnung maschenförmig. Von der rechten Lungenwurzel gehen Streifen senkrecht zum Zwerchfell, das ausgezogen ist. Die rechte Spitze und der rechte Oberlappen sind völlig verschattet, von dort aus ziehen sich Streifen zur Lungenwurzel. Die Bindegewebszeichnung geht bis zu den Lungenrändern. In die Maschen der Lungenzeichnung sind

Knötchen eingelagert, jedoch sind diese in verhältnismäßig geringer Anzahl vorhanden.

Alte Lungentuberkulose und chronischer Luftröhrenkatarrh. Das Leiden hat bereits zu Atmungsstörungen geführt, es ist an sich als schwer anzusehen, jedoch spielen die sichtbaren silikotischen Veränderungen keine besondere Rolle. Der spärliche physikalische Befund erklärt allerdings auch nicht die erhebliche Funktionsstörung, so daß man doch einen Zusammenhang mit der Staublunge annehmen muß. Silikose ersten Grades.

Fall 33. 47 Jahre, 24 Jahre Bergmann, 22 Jahre vor Stein. Im Gedinge bis vor einem Jahr, dann Schichtlohn, 6 Wochen außer Arbeit.

Atemnot, Kurzatmigkeit, Schmerzen in der Brust und Rückenstiche, mitunter Husten, sehr wenig Auswurf.

Kräftig, untersetzt, gut ernährt. Nasenatmung frei, Temperatur 36,6°. Brustumfang 94/96, Bauchumfang 95 cm. Lungengrenzen am Dornfortsatz des 9. Brustwirbels, etwas verschieblich. Klopfschall vorn etwas hohl, deutliche Dämpfungen bestehen nicht. Das Atemgeräusch ist über der ganzen Lunge nicht hörbar.

Das Herz erscheint nach beiden Seiten hin etwas verbreitert, die Töne sind rein, der Puls 86, der Blutdruck 125/75. Die Atmung 32, oberflächlich, sie kann 7 Sekunden angehalten werden, dann tritt Schnellerwerden des Herzschlages und bläuliche Verfärbung der Hände auf.

Nach 10mal Bücken ist der Puls 90, sehr klein, die Atmung 32, oberflächlich, stoßweise. Gesicht und Hände sind etwas bläulich verfärbt.

Röntgenbefund (Augusta-Krankenhaus Bochum): Beide Lungenfelder sind in ganzer Ausdehnung von feinen Flecken durchsetzt, die in den Unterfeldern etwa hirsekorngroß sind, in den Mittel- und Oberfeldern aber bis zu Erbsen- und Linsengröße anwachsen. Ein deutliches Zusammenfließen der Schatten besteht nicht. Beide Lungenwurzeln sind deutlich verbreitert. Von ihnen aus gehen Stränge in die Ober- und Unterfelder aus. Herz- und Gefäßschatten sind verbreitert, Zwerchfell ist abgeflacht.

Trotzdem die Schatten kein Zusammenfließen zeigten, wurde in Anbetracht der Funktionsstörung die Steinstaublunge als schwer angesehen. Silikose zweiten Grades.

Fall 34. 58 Jahre, Bergmann 33 Jahre, vor Stein 10 Jahre. Seit einem Jahr außer Arbeit. Luftmangel beim Bergaufgehen besonders, Husten mit wenig Auswurf, Nachtschweiße. Hat angeblich einmal Blutauswurf gehabt.

Kräftig, gut ernährt. Nase frei. Temperatur 36,6°. Brustumfang 98/104, Bauchumfang 96 cm. Lungengrenzen am Dornfortsatz des 7. Brustwirbels, gut verschieblich. Über dem rechten Oberlappen geringe Dämpfung, sonst keine Dämpfung. Links oben ist das Atemgeräusch etwas unbestimmt, mit feuchten Rasselgeräuschen, sonst ist es über der Lunge nicht deutlich verändert.

Das Herz ist nicht deutlich vergrößert, die Herztöne sind rein. Der Puls ist 28, der Blutdruck 135/80. Die Atmung ist 20, nicht angestrengt, sie kann 7 Sekunden angehalten werden, dann schwellen die Armvenen an, und der Herzschlag wird beschleunigt.

Auswurf nicht zu erhalten.

Nach 10mal Bücken ist der Puls 76, die Atmung 30, oberflächlich, das Gesicht gerötet.

Röntgenbefund (Augusta-Krankenhaus Bochum): Die Lungenzeichnung ist beiderseits vermehrt, sie enthält spärlich eingelagerte Flecken. Rechts seitlich unter dem Schlüsselbein dichte Verschattung. Lungenwurzeln beiderseits vergrößert. Rechts neben der Lungenwurzel Fleckung. Die linke Zwerchfellkuppe ist unscharf begrenzt. Die Aorta ist geschwungen, der Aortenknopf springt vor und zeigt einen tiefen Schatten.

Die Beurteilung nahm eine schwere Staublunge infolge der geringen Staublungenveränderungen im Röntgenbild nicht an, indessen bestehen deutliche Atemstörungen, die durch die daneben bestehende Tuberkulose nicht erklärt werden. Auch das Anhalten der Atmung zeigt deutliche Erschwerung. Silikose ersten Grades.

Fall 35. 50 Jahre, 34 Jahre Bergmann, 10 Jahre vor Stein. Seit 9 Jahren keine Gesteinsarbeit, im Schichtlohn, 2 Jahre als Staubstreuer. Seit einem Monat außer Arbeit. Luftmangel, etwas Husten ohne Auswurf, Schmerzen in der Brust. Nachts Erstickungsanfälle.

Kräftig, gut ernährt. Gesicht gerötet. Temperatur 37,2°. Nase beengt. Brustumfang 97/97, Bauchumfang 100 cm. Lungengrenzen am Dornfortsatz des 9. Brustwirbels, nicht verschieblich. Klopfschall vorn hohl, keine Dämpfungen. Atemgeräusch überall sehr leise. Über linkem Ober- und rechtem Unterlappen sehr leise feuchte Rasselgeräusche.

Das Herz erscheint nach beiden Seiten etwas vergrößert, die Herztöne rein, Puls 105, Blutdruck 130/70. Atmung schon in der Ruhe stark angestrengt, schnaufend, hörbar.

Röntgenbefund (Augusta-Krankenhaus Bochum): In beiden Lungenfeldern ist eine feine Fleckung erkennbar, die rechts erheblich dichter als links ist und rechts seitlich zusammenzufließen beginnt. Die Lungenwurzeln sind beiderseits verbreitert und enthalten zahlreiche kalkdichte, zum Teil ringförmige Schatten[1]. Rechts zahlreiche runde und kreisförmige Schatten von dichter Beschaffenheit in der Nähe der Lungenwurzel, links ebenfalls einige derartige Schatten im Lungengewebe. Rechts ziehen dichtere Schatten von der Luftröhre nach oben. Rechter Herzzwerchfellwinkel ist verschleiert.

Die Röntgenveränderungen waren zur Erklärung des Luftmangels zu wenig ausgeprägt, es wurde daher die Funktionsstörung auf die Lungenblähung und Brustkorbstarre zurückgeführt. Dies Urteil scheint nicht haltbar. Silikose zweiten Grades.

Fall 36. 45 Jahre, 29 Jahre Bergmann, 17 Jahre vor Stein, 7 Monate außer Arbeit.

---

[1] Derartige Schatten sind von Kriene (32) als nur bei Steinhauern vorkommend beschrieben, sie kommen aber offenbar auch bei Bergarbeitern vor. Ob die Verschattung auf Steinstaub oder Kalk beruht, ist aus dem Röntgenbild nicht festzustellen.

Groß, kräftig, gut ernährt. Nase links verstopft, rechts beengt. Lungengrenzen am Dornfortsatz des 10. Brustwirbels, nicht verschieblich.

Luftmangel, besonders nachts, kann nicht auf der linken Seite schlafen. Trockener Husten mit festem Auswurf.

Rechts hinten unten Dämpfung. Klopfschall sonst hohl, Herzdämpfung nicht überlagert. Atemgeräusch über den Oberlappen rauh und feucht, rechts hinten unten Giemen und Brummen.

Herz nach beiden Seiten vergrößert, zweiter Lungenschlagaderton deutlich verstärkt. Puls 90, Atmung 24, in der Ruhe schnaufend. Nach 10mal Bücken ist die Atmung 36, schnaufend und angestrengt. Puls 96.

Röntgenbefund (Augusta-Krankenhaus Bochum): Beiderseits vermehrte Lungenzeichnung, in die hirsekorn- bis linsengroße Fleckchen eingestreut sind. Der Luftgehalt der Lunge ist dabei gut. Wurzelschatten beiderseits verbreitert.

Die Staublunge wurde nicht als schwer angesehen, da die geringen sichtbaren Veränderungen nicht zu der Erklärung herangezogen werden konnten. Silikose ersten Grades.

Fall 37. 43 Jahre, Bergmann 28 Jahre, vor Stein 18 Jahre. Seit $^1/_2$ Jahr außer Arbeit. Stiche in Brust und Rücken. Festsitzender Husten. Starker Luftmangel, so daß er nachts sitzen muß. Wenn nach langem Husten Auswurf herauskommt, ist er mit Blut durchsetzt.

Mittelkräftig, abgemagert. Atmung stark schnaufend, von Hustenstößen unterbrochen. Die Sprache ist abgehackt, das Gesicht ist leicht bläulich verfärbt, die Nase ist verstopft. Temperatur 36,2°. Brustumfang 90/90, Bauchumfang 86 cm. Lungengrenzen am Dornfortsatz des 8. Brustwirbels, sie zeigen keine Verschieblickheit. Über der Lunge keine Dämpfung. Atemgeräusche über den Unterlappen abgeschwächt, kaum hörbar, über den Oberlappen rauh.

Das Herz ist nach beiden Seiten vergrößert, die Herztöne sind gespalten. Der Puls ist 96, die Atmung 28, schon in der Ruhe angestrengt, schnaufend, mit Hilfsmuskeln. Äußerste Kurzatmigkeit.

Röntgenbefund (Augusta-Krankenhaus Bochum): Beide Lungenfelder sind von einer leichten feinen Fleckung durchsetzt, die in den oberen Lungenteilen nur gering, in den mittleren und unten etwas deutlicher ist. Der Luftgehalt ist dabei gut. Leichte Verwachsungen der linken Zwerchfellkuppe.

Die Beurteilung lehnte die Berufskrankheit ab, da nicht anzunehmen war, daß die leichten, kaum sichtbaren Lungenveränderungen die schwere Atemnot hervorrufen sollten. Es liegen aber sichere silikotische Veränderungen leichter Art bei schwerem Luftmangel vor ohne daß ein anderer Grund dafür gefunden wurde. Silikose ersten Grades.

Fall 38. 47 Jahre, 26 Jahre Bergmann, 17 Jahre vor Stein, bis vor $^1/_4$ Jahr, jetzt Schießmeister.

Atemnot, Nachtschweiße, Husten, Stiche in der Brust.

Kräftig, mäßig ernährt, gerötete Gesichtsfarbe, leicht bläulich verfärbte Hände. Brustumfang 83/81, Bauchumfang 72 cm. Lungengrenzen stehen am Dornfortsatz des 9. Brustwirbels, wenig verschieblich.

Keine Dämpfungen, Atemgeräusch rauh und feucht, nur links hinten unten etwas abgeschwächt mit giemenden Rasselgeräuschen. Absolute Herzdämpfung verkleinert. Herz nach beiden Seiten vergrößert. Herztöne rein. Puls 115. Blutdruck 110/50. Atmung ist 36, angestrengt mit Flankenatmung. Nach 5mal Bücken ist das Gesicht stark gerötet, es besteht starke Atemnot.

Röntgenbefund (Augusta-Krankenhaus Bochum): Beide Lungenwurzeln sind verbreitert und verdichtet. Die Lungenzeichnung ist in den oberen und mittleren Teilen sehr verstärkt und zeigt eine netzartige Anordnung, in die in die Seitenteile kleinfleckige Verschattungen eingelagert sind. Die linke Lunge ist stärker verschattet als die rechte. Die unteren Lungenfelder sind stark aufgehellt. Beide Zwerchfellhälften zeigen Verwachsungen. Der rechte Lungenwurzelschatten ist nach außen verzogen und zieht einen Teil des Herzschattens mit.

Die Beurteilung nahm Berufskrankheit, d. h. schwere Staublunge, nicht an. Nach dem Befund scheint aber doch die erschwerte Lungenfunktion auf die Einwirkung des Steinstaubes zurückzuführen zu sein, wenn auch erst eine geringe silikotische Veränderung im Röntgenbild besteht, die man als ersten bis zweiten Grades bezeichnen kann.

Fall 39. 47 Jahre, Bergmann 25 Jahre, meist vor Stein. Seit einem Monat außer Arbeit. Seitenstiche, Luftmangel, Stiche im Rücken. Husten ohne Auswurf, Nachtschweiße.

Kräftig gebaut, gut ernährt. Temperatur 37,1°. Brustumfang 93/96. Bauchumfang 85 cm. Lungengrenzen am Dornfortsatz des 8. Brustwirbels, gut verschieblich. Absolute Herzdämpfung erscheint etwas verkleinert.

Klopfschall vorn hohl, Atemgeräusch überall normal.

Herz nicht vergrößert, Herztöne rein. Puls regelmäßig, 78, Blutdruck 140/80. Atmung in Ruhe deutlich sichtbar, mit dem Oberbauch, etwas angestrengt, schnaufend. Die Fingerspitzen sind leicht trommelschlägelartig verdickt.

Nach 10mal Bücken ist die Atmung angestrengt, schnaufend, 40, der Puls 110, klein, weich.

Röntgenbefund (Augusta-Krankenhaus Bochum): Das Herz erscheint etwas nach links verbreitert. Die Lungen zeigen vermehrte Zeichnung und verbreiterte Lungenwurzeln. Die Spitzen sind frei. Eine kleinfleckige Einlagerung ist sehr spärlich in den Seitenteilen vorhanden. Das rechte Zwerchfell zeigt eine kleine Verwachsung.

Die Beurteilung lehnte eine schwere Staublunge ab, da die Veränderungen nur gering waren. Es bestehen silikotische Veränderungen in ganz geringer Ausdehnung mit deutlicher Erschwerung der Atmung. Silikose ersten Grades.

Fall 40. 43 Jahre Bergmann, 16 Jahre vor Stein und Kohle. Seit 3 Jahren arbeitet er nicht mehr. Klagt über Kurzatmigkeit, Stiche in der Brust, Herzklopfen. Sehr kräftig, gedrungen, sehr gut ernährt. Faßförmiger Brustkorb. Brustumfang 101/103, Bauchumfang 105 cm. Die Lungengrenzen stehen am Dornfortsatz des 7. Brustwirbels, sie sind nicht verschieblich. Das Gesicht ist gerötet, die Atmung ist 30, kurz, schnaufend, oberflächlich. Die Fingerspitzen sind verdickt und bläulich verfärbt.

Über der Lunge ist der Klopfschall hohl, das Atemgeräusch nicht hörbar.

Das Herz ist stark vergrößert, es geht rechts bis über den 4. Brustbeinrand, links bis über die Brustwarzenlinie. Die Töne sind rein, der Puls ist klein und weich, 105, der Blutdruck 130/80.

Eine Funktionsprüfung wurde nicht vorgenommen, da bereits in der Ruhe Kurzatmigkeit bestand.

Röntgenbefund (Augusta-Krankenhaus Bochum): Beide Lungen sind fleckig und streifig verschattet, die streifige Zeichnung ist stärker erkennbar als die nur spärlich eingelagerte Fleckung, die in den Seitenteilen dichter steht. Das Herz ist quergelagert. Im rechten Unterlappen einige kirschkerngroße, dichte Einlagerungen. Hochstehendes Zwerchfell.

Die Beurteilung lautet auf Lungenblähung und Lungenstarre. Den bestehenden Staublungenveränderungen wurde in Anbetracht ihrer geringen Ausdehnung kein Einfluß auf die Atembeschwerden zugeschrieben. Es bestehen also recht erhebliche Atembeschwerden bei nur geringen (ersten bis zweiten Grades), aber doch deutlichen silikotischen Veränderungen.

Fall 41. 51 Jahre, 37 Jahre Steinmetz. Seit einem Jahr außer Arbeit. Kurzatmigkeit bereits seit 5 Jahren. Invalide wegen Kurzatmigkeit und Schwäche. Nachts besteht Husten mit grauem Auswurf.

Mittelkräftig, mäßig ernährt. Blasse, kränklich gelbe Gesichtsfarbe. Flacher Brustkorb. Brustumfang 87/88, Bauchumfang 76 cm. Lungengrenzen am Dornfortsatz des 9. Brustwirbels, nicht verschieblich. Herzdämpfung überlagert. Der Klopfschall ist über der ganzen Lunge hohl. Dämpfungen bestehen nicht. Über der ganzen Lunge sind beim Atmen zähe, giemende Rasselgeräusche hörbar. Ausatmung überall deutlich verlängert. Über den Unterlappen ist das Atemgeräusch nicht hörbar.

Das Herz ist nicht vergrößert, die Herztöne sind rein, der Puls klein und weich, 110, der Blutdruck 125/90. Die Atmung ist 40, sehr stark angestrengt unter Zuhilfenahme der Hals- und Brustmuskeln. Die Endglieder der Mittelfinger sind etwa verdickt. Stauungen bestehen nicht.

Röntgenaufnahme (Fürsorgestelle Minden): In beiden Oberlappen ist die Lungenzeichnung verdichtet, die Mittel- und Unterfelder zeigen keine deutlichen Verschattungen. Eine kleinfleckige Einlagerung zeigt sich nur in den Oberlappen, besonders links. Die einzelnen Flecken sind etwa hirsekorngroß. In der rechten Lungenwurzel und der rechten Lunge zeigen sich Bronchialschatten mit verdickter Wandung und Kalkfleckchen. Der linke Wurzelschatten ist stark verbreitert. Beide Unterfelder sind stark aufgehellt. Die Zwerchfellkuppen sind beiderseits zur Wagerechten abgeflacht.

Beurteilung: Es liegt eine starke Behinderung der Atmung vor. Dieselbe ist auf die bestehenden asthmatischen Zustände, die Lungenblähung und Lungenstarre zurückzuführen. Veränderungen im Sinne einer Staublunge bestehen nur in ganz geringem Maße. Eine Berufskrankheit im Sinne der Verordnung vom 11. Febr. 1929 liegt nicht vor.

Etwa $^1/_2$ Jahr später starb der Kranke. Es wurde eine Obduktion
vorgenommen. Dieselbe ergab (Pathol. Institut, Münster): Diffuse
Perikardverwachsungen, geringe Hypertrophie des linken Ventrikels,
diffuse, zum Teil schwartige alte Pleuraverwachsungen beiderseits,
mittelstarke Staublungenerkrankung, käsige Pneumonie und kavernöse
Phthise des linken Oberlappens mit azinös-nodöser Aussaat. Azinös-
nodöse Tuberkulose der rechten Lunge, Emphysem der oberen Lungenabschnitte. Anthrakose und Induration der Lymphknoten am Lungenhilus.

Aus dem Lungenbefund: Vordere Lungenabschnitte emphysematös
gebläht. Zwischen daunenkissenartigem Gewebe überall bis pfefferkorngroße harte und derbe Knötchen, ebensolche Knötchen in den abhängigen
Lungenpartien. An der Spitze des Oberlappens liegen die Knötchen
dichter und konfluieren zu einem bis nahe an die Oberfläche reichenden
wallnußgroßen Knoten. An der Basis des Oberlappens ein kleinapfelgroßer, derber, luftleerer Bezirk; über diesem ist in Faustgröße das
Lungengewebe eingeschmolzen.

Auf der Schnittfläche überall schwarze, bis pfefferkorngroße harte
Knötchen in allen Abschnitten gleichmäßig verteilt. Außer diesen finden
sich graue bis graugelbe Knötchen von Hirsekorn- und Pfefferkorngröße, etagenförmig nach unten zu abnehmend. Der Knoten in der
Oberlappenspitze ist aus solchen aufgebaut. In seinem Innern eine kirschkerngroße Zerfallshöhle usw.

In der rechten Lunge harte schwarze Knötchen in gleichmäßiger
Verteilung usw. Hilusdrüsen bohnengroß, schwarz, äußerst hart.

Die mikroskopische Untersuchung ergab in den perivaskulären
Lymphbahnen bindegewebige Knötchen mit massenhaft staubführenden Zellen.

In dem Gutachten wird ausgeführt, daß die Staublungenerkrankung
doch so erheblich war, daß sie den Verlauf der zum Tode führenden
Phthise wesentlich beeinflußt hat.

Im abschließenden Gutachten äußerte ich mich dahin, daß die zum
Tode führende Tuberkulose eine Folge der Steinstaublunge war. Diese
Steinstaublunge, aus pfefferkorngroßen Knötchen bestehend, war auf
dem Röntgenbild noch nicht in besondere Erscheinung getreten. Die
Phthise hatte zur Zeit der Untersuchung nicht bestanden.

Zusammenfassend ist zu sagen, daß die geringen Veränderungen der
Lunge, die auf dem Röntgenbild sichtbar waren, bereits eine schwere
Veränderung der Lungenfunktion und ihrer Widerstandsfähigkeit gegen
die einsetzende Tuberkulose bewirkt haben, daß also die Staublunge
funktionell als schwer anzusehen war.

Der Fall hat durch die Obduktion klar erwiesen, daß schon geringe,
auf dem Röntgenbild kaum sichtbare silikotische Veränderungen schwere
Atemnot bedingen können. Silikose zweiten Grades.

Fall 42. 41 Jahre, 20 Jahre Bergmann, 18 Jahre vor Stein. Vier
Monate außer Arbeit. Im Anschluß an eine Grippe Luftmangel, Stiche

in der Herzgegend, Schwindel, Husten, daß er nicht schlafen kann, mit wenig festsitzendem Auswurf, der sich schlecht löst.

Kräftig gebaut, mittel ernährt. Atmung deutlich behindert und schnaufend. Brustumfang 91/93. Lungengrenzen am Dornfortsatz des 9. Brustwirbels, etwas verschieblich. Keine Dämpfung, brummende Rasselgeräusche.

Herz ohne Besonderheiten. Puls 90, Blutdruck 125/75.

Röntgenbild: Beide Lungenfelder sind von einer feinen Fleckung durchsetzt, die rechts dichter, links lockerer ist. Rechter Herzzwerchfellwinkel von gröberen Schatten eingenommen. Lungenzeichnung beiderseits vermehrt.

Trotz der verhältnismäßig geringen Veränderungen des Röntgenbildes als schwere Staublunge angesehen. Silikose zweiten Grades.

Fall 43. 39 Jahre, 19 Jahre Bergmann, 10 Jahre vor Stein, seit einem Jahr außer Arbeit. Luftmangel, Stiche in den Seiten und unter den Schulterblättern. Morgens Husten und grauer Auswurf.

Sehr kräftig, mittel ernährt, blaß. Brustumfang 97/91, Bauchumfang 86 cm. Lungengrenzen am Dornfortsatz des 8. Brustwirbels, 2 cm verschieblich. Klopfschall nicht verändert, Atemgeräusch sehr leise.

Herz nicht verändert, Herztöne rein. Puls 85, Blutdruck 120/70. Atmung nicht angestrengt, etwas beschleunigt, 24. Nach 10mal Bücken Puls 100, Atmung angestrengt, schnaufend, 40.

Röntgenbefund (Augusta-Krankenhaus Bochum): Breiter Brustkorb, Herz dem Körperbau entsprechend. Beiderseits feine Zwerchfellverwachsungen. Lungenzeichnung überall vermehrt. Beide Lungenfelder in ganzer Ausdehnung von einer feinen Fleckung durchsetzt.

In Anbetracht der Erschwerung ist die Staublunge als schwer angesehen. Silikose ersten bis zweiten Grades.

Fall 44. 48 Jahre, 31 Jahre Bergmann, 25 Jahre vor Stein, bis vor 2 Monaten im Gedinge, seit 14 Tagen außer Arbeit. Luftmangel, Husten ohne Auswurf, Nachtschweiße.

Kräftig, mittel ernährt. Brustumfang 94,5/99. Lungengrenzen am Dornfortsatz des 10. Brustwirbels, gut verschieblich. Über der Lunge keine Dämpfung, rechts hinten unten leichtes Rasseln nach Husten, sonst keine Geräusche.

Puls nicht ganz gleichmäßig, 80, Blutdruck 135/80. Atmung in Ruhe 18, mit Oberbauch.

Nach 3mal Bücken Rötung des Gesichts und Kurzatmigkeit. Atmung 40, sehr angestrengt. Puls 96.

Röntgenaufnahme (Augusta-Krankenhaus Bochum): Beiderseits vermehrte Lungenzeichnung mit ziemlich zahlreichen kleinen Flecken im rechten Unter- und Mittelfeld. Links ist die Fleckung nicht so intensiv. In beiden Obergeschossen leichte Fleckung.

Es besteht Erschwerung der Atmung, die nur mit den Staublungenveränderungen in Zusammenhang stehen kann. Die Veränderungen sind nicht sehr hochgradig. Das Vorliegen einer schweren Staublunge wurde damals noch nicht anerkannt. Der Fall ist als Grenzfall anzusehen. Silikose zweiten Grades.

Fall 45. 45 Jahre, 25 Jahre Bergmann, 18 Jahre vor Stein, 5 Jahre außer Bergarbeit. Luftmangel bei Anstrengungen, Herz- und Kopfschmerzen.

Mittelkräftig, mäßig ernährt. Brustumfang 91/87. Lungengrenzen am Dornfortsatz des 10. Brustwirbels, sie sind nicht verschieblich. Über der Lunge keine Dämpfungen und keine Geräusche.

Herz nicht vergrößert, Herztöne rein. Puls 86, Atmung 30, Flankenatmung aber ohne deutlichen Luftmangel.

Nach 10 mal Bücken Gesicht bläulich gerötet, Atmung stark schnaufend. Puls 120.

Röntgenbild (Augusta-Krankenhaus Bochum): Beide Lungenfelder sind in ihrer ganzen Ausdehnung von einer ganz feinen Fleckung durchsetzt, die beiderseits in den Seitenteilen der Mittelgeschosse am dichtesten steht.

Beurteilung: Ausgedehnte Staublungenveränderungen mit Erschwerung der Atmung. Berufskrankheit. Silikose ersten bis zweiten Grades.

In der vorstehenden Reihe von Fällen waren sehr deutliche Funktionsstörungen vorhanden, ohne daß das Röntgenbild hochgradige Staublungenveränderungen aufwies. In 4 Fällen konnten sichere Staublungenveränderungen im Sinne einer knotigen Fleckung nicht nachgewiesen werden, bei 2 dieser Fälle lag gleichzeitig nach dem Röntgenbild Tuberkulose vor, die aber klinisch nicht im Vordergrund der Erscheinungen stand und nicht so hochgradig war, als daß man die bestehenden Störungen der Funktion auf diese Ursache zurückführen könnte. In Anbetracht der Tatsache, daß eine Tuberkulose eine wesentliche Erschwerung der Atmung erst in ihren vorgeschrittenen Stadien bedingt, sind die Störungen der Atmung nicht auf diese Ursache zurückzuführen. Neunmal bestand eine Silikose ersten Grades, davon einmal mit Pleuritis, einmal mit Fettleibigkeit, die auf die durch die Funktionsstörung erzwungene Ruhe zurückzuführen war. In 9 Fällen stand die Silikose zwischen dem ersten und zweiten Grad, dabei bestand einmal Fettleibigkeit. Neunmal lag eine Silikose des zweiten Grades vor, die allein für die Funktionsstörung verantwortlich zu machen war. Die Gradbezeichnung entspricht der von der Silikosekonferenz in Johannisburg aufgestellten Skala. In keinem der genannten Fälle hätte auf Grund des Röntgenbildes allein eine schwere Staublunge anerkannt werden können. Die Ergebnisse bestätigen die von Husten aufgestellte Behauptung, daß es zum Zustandekommen einer schweren Staublunge nicht erforderlich ist, daß ausgedehnte Gewebsverdichtungen vorliegen.

Ganz besonders sei auf den Fall 41 hingewiesen, der auf Grund des Röntgenbildes von mir nicht als schwere Staublunge anerkannt worden ist, trotzdem bereits eine hochgradige Atemnot bestand. Der Tod erfolgte an einer rapid fortschreitenden Tuberkulose, die bei der $^1/_2$ Jahr vor dem Tode erfolgten Röntgenaufnahme weder klinisch noch auf dem Röntgenbild zu erkennen war, und auch in der Lungenfürsorgestelle nicht festgestellt werden konnte. Sie hat sich erst nachträglich entwickelt, so daß sie für die bei der Untersuchung bestehende Atemnot nicht verantwortlich gemacht werden kann.

Durch diesen Fall hat sich mir die Überzeugung aufgedrängt, daß die im Röntgenbild sichtbaren Veränderungen nicht in Zusammenhang mit der Atemnot stehen können, daß vielmehr auch bei kaum sichtbaren Verschattungen schwere Atemnot bestehen kann.

Gruppe C.
Deutliche Staublunge, keine Funktionsstörungen.

Fall 46. 49 Jahre, 30 Jahre Bergmann, 23 Jahre vor Stein. Bis zuletzt im Gedinge. 4 Monate außer Arbeit. Atembeklemmungen bei Anstrengungen, Schwindelanfälle. Kein Husten, kein Auswurf.

Kräftig, gut ernährt. Nase verstopft. Temperatur 36,8°. Brustumfang 96/94, Bauchumfang 98 cm. Lungengrenzen am Dornfortsatz des 8. Brustwirbels, nicht verschieblich. Neben dem rechten Schulterblatt geringe Dämpfung. Atemgeräusche über der ganzen Lunge etwas abgeschwächt. Kein Rasselgeräusch.

Herz nach beiden Seiten etwas vergrößert, Herztöne rein. Puls 80, regelmäßig. Blutdruck 115/70. Atmung 18, gerade sichtbar, in Ruhe keine Atemnot. Atem wird 8 Sekunden angehalten, am Schluß werden die Hände etwas blau. Nach 10mal Bücken ist der Puls 90, die Atmung 26, vertieft. Stauungen bestehen nicht.

Röntgenbild (Augusta-Krankenhaus Bochum): Beide Lungenwurzeln verbreitert. Beide Lungen von einer kleinfleckigen, im einzelnen etwa linsengroßen Verschattung durchsetzt, die namentlich in den Unterteilen etwas dichter steht, in den Oberlappen ist sie lockerer. Bindegewebe stark vermehrt. Herz nach beiden Seiten etwas verbreitert. Ist nicht als schwere Staublunge beurteilt. Silikose zweiten Grades.

Fall 47. 44 Jahre, 28 Jahre Bergmann, 15 Jahre vor Stein. 1 Jahr in Schichtlohn, $1^1/_2$ Monat außer Arbeit. Luftmangel, Brustschmerzen, Husten mit Auswurf, Nachtschweiße.

Kräftig, gut ernährt. Temperatur 36,5°. Nase frei. Brustumfang 97/100, Bauchumfang 102 cm. Lungengrenzen am Dornfortsatz des 8. Brustwirbels, mäßig verschieblich. Über den Lungen keine Dämpfung, keine Veränderung, des Klopfschalles. Atemgeräusch nur vorn hörbar. Keine Rasselgeräusche.

Herz nicht vergrößert, Herztöne rein, Tätigkeit regelmäßig. Blutdruck 120/80, Atmung 20, nicht deutlich vertieft. Nach 10mal Bücken Puls 104, Atmung 22, nicht vertieft. Keine Stauung.

Röntgendurchleuchtung zeigte ein bewegliches Zwerchfell, ließ aber sonst keine deutlichen Veränderungen erkennen.

Röntgenbefund (Augusta-Krankenhaus Bochum): Beide Lungenfelder sind von einer dichten Fleckung durchsetzt, die einzelnen Flecken sind bis linsengroß. Die Fleckung steht in den Seitenteilen deutlich dichter, zeigt aber noch kein deutliches Zusammenfließen. Beide Lungenwurzeln sind verbreitert, rechts bestehen kalkige Einlagerungen. Das Zwerchfell zeigt keine Verwachsungen. Die Erkrankung wurde nicht als schwer angesehen, da deutliche Funktionsstörungen nicht vorhanden sind. Silikose zweiten Grades.

Fall 48. 47 Jahre, 20 Jahre Bergmann, 5 Jahre vor Stein. Seit

2 Monaten außer Arbeit. Schmerzen in der rechten Brustseite, Kurzatmigkeit, Husten mit wenig Auswurf nachts.

Mittelkräftig, mäßig ernährt. Nase beengt. Temperatur 37,2°.
Brustumfang 88/81, Bauchumfang 74 cm. Lungengrenzen am Dornfortsatz des 8. Brustwirbels, etwas verschieblich. Keine Dämpfungen,
keine Geräusche. Stauungserscheinungen nicht vorhanden.

Herz nicht vergrößert, Herztöne rein. Puls 120. Atmung in der
Ruhe sichtbar, 18.

Nach 10mal Bücken Puls 120, Atmung etwas vertieft, ohne deutliche
Atemnot. Das Gesicht ist etwas gerötet.

Röntgenbefund (Augusta-Krankenhaus Bochum): Beide Lungenfelder sind in ganzer Ausdehnung von einer dichtstehenden, im einzelnen
etwa linsengroßen Fleckung durchsetzt. Die Lungenwurzeln sind verbreitert, die Lungenzeichnung namentlich im rechten Unterlappen
deutlich. Die Spitzen sind frei, das Zwerchfell zeigt einige Verwachsungen.

Nicht als schwere Staublunge angesehen. Silikose dritten Grades.
Schneegestöber.

Fall 49. 51 Jahre, 27 Jahre Bergmann. Immer vor Stein. $^3/_4$ Jahr
als Einstäuber. Seit $^3/_4$ Jahr außer Arbeit.

Engbrüstigkeit, Stiche in der Brust, Luftmangel beim Gehen.
Husten bei Anstrengung. Kein Auswurf. Schlaf schlecht durch Luftmangel.

Mittelkräftig, mittel ernährt. Nase frei. Temperatur 36,8°. Brustumfang 95/91, Bauchumfang 89 cm. Lungengrenzen vorn an der Rippe,
hinten am Dornfortsatz des 10. Brustwirbels, nicht verschieblich. Keine
Dämpfungen. Atemgeräusch nicht hörbar.

Herz nicht vergrößert, Herztöne rein. Puls 78, Blutdruck 120/70,
Atmung 28, etwas angestrengt, kann 7 Sekunden angehalten werden,
ohne daß Stauungen auftreten.

Nach 10mal Bücken ist der Puls 84, die Atmung 30, nicht mehr
angestrengt als in der Ruhe.

Röntgenbild (Augusta-Krankenhaus Bochum): Beide Lungenfelder
in den Seitenteilen dicht verschattet, nach unten erkennt man die Zusammensetzung der Verschattung aus linsen- bis erbsengroßen Knötchen.
Ein Luftgehalt besteht nur noch in den Unterlappen und auf einem
schmalen Streifen seitlich vom Mittelschatten. Beide Unterfelder von
Streifen und feinen Flecken durchsetzt. Zwerchfell zeigt keine Verwachsungen. Spitzen frei.

Hochgradige Staublungenveränderungen mit geringen Funktionsstörungen. Wegen des Röntgenbildes als schwere Staublunge anerkannt. Silikose dritten Grades.

Fall 50. 38 Jahre, 17 Jahre Bergmann, 14 Jahre vor Stein, 14 Tage
außer Arbeit. Husten, Auswurf, Luftmangel, Abmagerung.

Abgemagert, wenig kräftig, blasse Gesichtsfarbe mit roten Flecken
auf den Wangen. Temperatur 37,2°.

Brustumfang 86/90, Bauchumfang 78 cm. Lungengrenzen am Dornfortsatz des 9. Brustwirbels, gut verschieblich. Klopfschall nicht ver-

ändert, Atemgeräusch nur links hinten unten etwas verschärft, auch nach Husten keine Veränderung.

Herz nicht vergrößert, Herztöne rein. Puls 76, Blutdruck 110/60. Atmung in der Ruhe etwas angestrengt, 24. Nach 10 mal Bücken ist die Atmung deutlich vertieft, 28, es besteht jedoch keine deutliche Atemnot. Puls 100.

Röntgenbefund (Augusta-Krankenhaus Bochum): Beide Lungen in ganzer Ausdehnung von grobfleckiger Verschattung durchsetzt. Die einzelnen Teile sind bis erbsengroß, sie fließen in den Mittelfeldern zu dichten Schattenmassen zusammen. Links ist der Schatten vom Hilus nicht deutlich abzugrenzen. In der Verschattung der rechten Lunge befindet sich im 7. Zwischenrippenraum am unteren Rande der Rippe eine rundliche, an den Rändern verdunkelte Aufhellung. Die Herzgrenzen sind nicht deutlich. Die Zwerchfellkuppen zeigen Verwachsungen.

In Anbetracht der Ausdehnung der Verschattung und in Rücksicht auf den Zusammenhang mit Tuberkulose wurde schwere Staublunge angenommen. Beachtlich ist, daß die Verschattung bei Tuberkulose nicht mit besonderer Atemnot verbunden ist. Silikose dritten Grades.

Fall 51. 33 Jahre, 18 Jahre Bergmann, 7 Jahre vor Stein. Seit $^1/_2$ Jahr außer Arbeit. Atembeschwerden, viel Husten, wenig Auswurf. Stiche in der Brust.

Kräftig, mittel ernährt. Temperatur 36,7°.

Brustumfang 87/94, Bauchumfang 83 cm. Lungengrenzen hinten am Dornfortsatz des 7. Brustwirbels, gut verschieblich. Über der Lunge keine Dämpfungen, das Atemgeräusch erscheint über der rechten Spitze etwas verschärft und die Ausatmung etwas verlängert. Sonst ist es unverändert.

Herz nicht vergrößert, Herztöne rein, Puls 90. Blutdruck 25/75.

Atmung 18 in der Minute, nicht angestrengt.

Nach 10 mal Bücken Atmung etwas vertieft, nicht beschleunigt. Puls 110, keine Stauung.

Röntgenbefund (Augusta-Krankenhaus Bochum): Hochgradige Verdichtungen beiderseits. Das Gebiet zwischen der ersten und vierten Rippe ist beiderseits in dichte, schwielige Massen verwandelt. Die übrigen Lungenteile zeigen eine dichtstehende, feine bis linsengroße Fleckung. Verwachsungen an beiden Zwerchfellkuppen und am Herzbeutel. Der Hilusschatten ist beiderseits von den großen Schattenmassen der Obergeschosse nicht scharf abzugrenzen. Die Spitzenfelder zeigen nur geringe Veränderungen.

In Anbetracht der starken Veränderungen bei verhältnismäßig jugendlichem Alter wurde die Steinstaublunge trotz der nicht deutlichen Funktionseinschränkung als schwer angesehen. Silikose dritten Grades.

Fall 52. 48 Jahre, 23 Jahre Bergmann, 18 Jahre vor Stein. Seit 6 Monaten außer Arbeit. Atemnot, Kopfschmerzen im Hinterkopf, Schwindel. Luftmangel ist bei Tage nicht besonders groß, in der Nacht stärker, er wacht durch Luftmangel auf.

Kräftig gebaut, Gesichtsfarbe etwas gerötet, leidlicher Ernährungszustand. Nasenatmung deutlich behindert. Temperatur 38,5°.

4*

Brustumfang 92/99, Bauchumfang 83 cm. Lungengrenzen am Dornfortsatz des 7. Brustwirbels, gut verschieblich. Hustenreiz bei tiefem Atmen. Über der Lunge keine Dämpfungen, das Atemgeräusch ist über dem rechten Unterlappen etwas abgeschwächt, sonst zeigt es keine Veränderung.

Herz nicht vergrößert, Herztöne rein. Puls 100, Blutdruck 130/70. Atmung 20. Während der Untersuchung tritt ein Schwindelanfall auf, so daß er sich setzen muß.

Nach 3mal Bücken Steifigkeit im Rücken.

Röntgenbefund (Augusta-Krankenhaus Bochum): Beide Lungenfelder von zahlreichen linsen- bis erbsengroßen Flecken durchsetzt, die in den unteren Lungenabschnitten zu größeren Schattenmassen zusammenfließen. Die rechte Zwerchfellhälfte und der linke Herzbeutelrand sind verwachsen.

Wegen der ausgeprägten Lungenveränderungen wurde trotz der nicht deutlich behinderten Funktion die Staublunge als schwer angesehen. Silikose dritten Grades.

Fall 53. 56 Jahre, 35 Jahre Bergmann, 20 Jahre vor Stein. Seit einem Jahr außer Arbeit. In den letzten 5 Jahren Einstäuber.

Luftmangel, Schmerzen in der Brust, Husten, festsitzender Auswurf, Nachtschweiße, Mattigkeit.

Schmächtig, abgemagert, leicht gelbliche Gesichtsfarbe. Nase beengt. Temperatur 36,1°.

Brustumfang 85/92, Bauchumfang 83 cm. Lungengrenzen am Dornfortsatz des 9. Brustwirbels, nicht verschieblich. Über der ganzen rechten Lunge, besonders über der rechten Spitze besteht eine Dämpfung. Das Atemgeräusch ist über der ganzen Lunge kaum hörbar. Unter dem rechten Schlüsselbein ist die Atmung sehr leise, die Ausatmung verlängert und hauchend. Auch nach Husten keine Rasselgeräusche. Stimmklang über der rechten Spitze deutlich vermehrt.

Herz nicht vergrößert, Herztöne leise, rein. Puls 100, Blutdruck 130/70. Atmung 20, etwas vertieft, kann 6 Sekunden angehalten werden.

Nach 10mal Bücken Atmung deutlich vertieft, 28, keine Stauungen. Auswurf nicht zu erhalten.

Röntgenbefund (Augusta-Krankenhaus Bochum): Beide Lungen zeigen ausgedehnte, dichte, vorwiegend seitlich gelegene Verschattungen, die rechts wesentlich stärker als links sind und nach der Mitte zu mit den Lungenwurzeln in Verbindung stehen. Rechts ziehen von den Schattenmassen und der Lungenwurzel zahlreiche derbe Stränge zum Zwerchfell, das zeltförmig ausgezogen ist. Das linke Zwerchfell steht quer und zeigt keine Verwachsungen. Die Brustwirbelsäule ist nach links verbogen, die Luftröhre nach rechts verzogen. Der Luftgehalt der Lunge ist sehr stark herabgesetzt.

Sehr ausgedehnte schwere Lungenveränderungen, denen gegenüber die Funktionsherabsetzung nur gering ist. Schwere Staublunge. Silikose dritten Grades.

Fall 54. 41 Jahre, Bergmann 25 Jahre, davon 21 Jahre vor Stein. Seit einem Monat außer Arbeit. Luftmangel, Husten ohne Auswurf.

Mittelkräftig, mittel ernährt. Temperatur 35,4°.

Brustumfang 88/85, Bauchumfang 82 cm. Lungengrenzen am Dornfortsatz des 10. Brustwirbels, mäßig verschieblich. Klopfschall vorn etwas hohl. Atemgeräusch überall sehr leise.

Puls 90, Herz nicht vergrößert, Blutdruck 120/60. Atmung 20, sichtbar, nicht besonders angestrengt. Nach 10mal Bücken Atmung 28, etwas angestrengt.

Röntgenaufnahme (Augusta-Krankenhaus Bochum): Beiderseits sehr ausgedehnte Lungenveränderungen. Zwischen Schlüsselbein und fünfter Rippe sind die Gebiete in sehr ausgedehnte, dichte, zusammenhängende Schattenmassen verwandelt, die in den Hilusschatten übergehen. Die übrigen Teile zeigen eine sehr feine Fleckung. Verwachsung der linken Zwerchfellkuppe. Die Spitzen nur wenig verändert.

Beurteilung: Schwere Staublunge mit Rücksicht auf die ausgedehnten Veränderungen. Die Funktion ist im Gegensatz dazu nur wenig beeinträchtigt. Silikose dritten Grades.

Fall 55. 53 Jahre, 35 Jahre Bergmann, 10 Jahre vor Stein, 1 Jahr im Schichtlohn seit einem Monat außer Arbeit. Atemnot, Druck auf der Brust, Stiche in der rechten Seite beim Husten und tiefen Atmen. Der Husten ist trocken.

Mittelkräftig, mittel ernährt.

Lungengrenzen am Dornfortsatz des 8. Brustwirbels, nur die linke Seite ist verschieblich. Die absolute Herzdämpfung ist frei. Über der Lunge keine Dämpfungen, keine Geräusche. Das Atemgeräusch ist über den Oberlappen etwas verschärft, über den Unterlappen abgeschwächt.

Herz nicht vergrößert, Herztöne rein. Puls 72. Atmung 16, etwas angestrengt. Nach 10mal Bücken ist die Atmung nicht verändert, der Puls 78.

Röntgenbefund: Beide Lungen von einer dichten Verschattung durchsetzt, deren einzelne Flecken kleinlinsengroß sind. Sie fließen in den Mittellappen zusammen. Die Lungenwurzeln sind verbreitert. Das Herz ist kugelig, nicht deutlich vergrößert, die rechte Zwerchfellhälfte zeigt Verwachsungen.

Da noch keine Erschwerungen der Atmung bestanden, wurde trotz der sicheren Silikose, die nach dem Röntgenbefund als zweiten bis dritten Grades zu beurteilen war, noch keine Berufskrankheit angenommen.

Fall 56. 47 Jahre, 30 Jahre Bergmann, 20 Jahre vor Stein, 2 Jahre im Gedinge, noch in Arbeit. Luftmangel, Husten mit wenig Auswurf, Schmerzen in Brust und Rücken.

Kräftig, gut ernährt. Temperatur 36,2°.

Brustumfang 96/100, Bauchumfang 93 cm. Die Lungengrenzen stehen am Dornfortsatz des 7. Brustwirbels, sie sind gut verschieblich. Über der Lunge keine Dämpfungen oder Geräusche.

Herztöne leise, rein, Herzdämpfung nach beiden Seiten verbreitert. Puls 60, Blutdruck 120/60. Die Atmung ist in der Ruhe nicht sichtbar.

Nach 10mal Bücken bestehen angeblich Atembeklemmungen, die Atmung ist 24, ohne deutliche Atemnot. Der Puls 68.

Röntgenaufnahme (Augusta-Krankenhaus Bochum): Beiderseits starke vermehrte Lungenzeichnung mit eingelagerter Fleckung. Die Teile zwischen 1. und 6. Rippe sind beiderseits in dichtere Schattenmassen verwandelt, die medialwärts in den vergrößerten Hilusschatten übergehen. Beide Zwerchfellkuppen verwachsen. Verbreitertes großes Herz.

Trotz der schweren Lungenveränderungen ist eine deutliche Funktionsstörung noch nicht eingetreten, daher ist Berufskrankheit nicht angenommen worden. Silikose dritten Grades.

Fall 57. 48 Jahre, 33 Jahre Bergmann, 21 Jahre vor Stein, bis zuletzt im Gedinge. Seit 3 Monaten außer Arbeit. Luftmangel, morgens Pfeifen auf der Lunge, trockener Husten, nur morgens etwas gelber Auswurf.

Mäßig kräftig, mittel ernährt, etwas blasse Gesichtsfarbe. Nase links beengt, rechts verstopft, Temperatur 36,5°.

Brustumfang 94/96,5, Bauchumfang 93 cm. Die Lungengrenzen stehen am Dornfortsatz des 9. Brustwirbels, sie sind nicht verschieblich. Über dem rechten Unterlappen und den Seitenteilen ist der Klopfschall etwas gedämpft, vorn ist er hohl. Über der rechten Spitze ist das Atemgeräusch verschärft, rechts hinten unten normal, links hinten unten nicht hörbar.

Herzdämpfung nicht deutlich verbreitert, Herztöne rein. Puls 76, Blutdruck 120/70. Atmung 24 in der Minute, eben sichtbar, kann ohne Beschwerden 20 Sekunden angehalten werden.

Nach 10 mal Bücken ist der Puls 80, Atmung 26, nicht angestrengt, es bestehen weder Atemnot noch Stauungen.

Röntgenbild (Knappschaft): Beide Lungenfelder sind dicht von einer fleckigen Verschattung durchsetzt, die in den Einzelteilen linsen- bis erbsengroß ist. Die Verschattungen stehen in den Mittelfeldern am dichtesten und fließen in den Seitenteilen zu dichten Verschattungen zusammen. Beide Zwerchfellhälften und der Herzbeutel zeigen Verwachsungen. Die rechte Spitze zeigt fleckige Verschattung.

Da bei Anstrengungen noch keine Zeichen einer eingeschränkten Funktion erkennbar waren, wurde trotz der erheblichen Veränderungen im Röntgenbild Berufskrankheit nicht angenommen. Silikose dritten Grades.

Fall 58. 45 Jahre, 27 Jahre Bergmann, 2 Jahre vor Stein. 13 Jahre als Aufseher, arbeitet noch als Aufseher. Husten mit wenig Auswurf, Stiche im Rücken, Luftmangel.

Kräftig, gut ernährt. Nase frei. Temperatur 36,0°.

Brustumfang 96/99, Bauchumfang 93 cm. Lungengrenzen am Dornfortsatz des 9. Brustwirbels, gut verschieblich. Klopfschall nicht verändert, das Atemgeräusch ist über den Oberlappen etwas rauh mit brummenden Geräuschen.

Herz nicht vergrößert, Herztöne rein. Puls 78, Blutdruck 120/80, Atmung 18, nicht angestrengt, wird 13 Sekunden angehalten, dann tritt Beschleunigung des Herzschlages und Anschwellen der Armvenen auf.

Nach 10mal Bücken Puls 110, Atmung 20, Atemnot und Stauungen bestehen nicht.

Röntgenbefund (Knappschaft): Beide Lungenfelder sind dicht von feinfleckigen Verschattungen durchsetzt, die in den Seitenteilen deutlich dichter stehen und rechts, sowie im linken Mittellappen zusammenfließen. Das linke Oberfeld ist etwas aufgehellt. Beide Zwerchfellkuppen und Herzränder zeigen starke Verwachsungen.

Eine Berufskrankheit wurde wegen der gut erhaltenen Funktion nicht angenommen. Silikose dritten Grades.

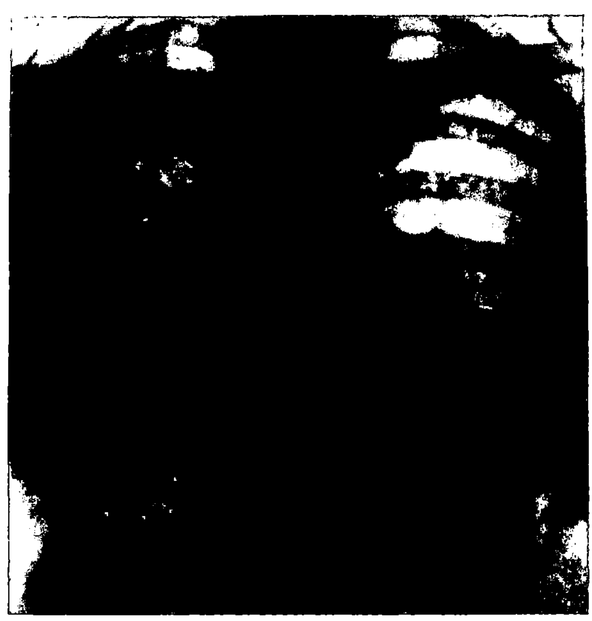

Abb. 8. Zu Fall 58, Beschreibung im Text.

Fall 59. 49 Jahre, Bergmann 25 Jahre. Vor Stein 8 Jahre ausschließlich, später vor Stein und Kohle. Bis zuletzt im Gedinge, seit einem Jahr außer Arbeit. Luftmangel, Husten bei Erkältung ohne Auswurf und Nachtschweiße.

Kräftig, gut ernährt. Nase frei. Temperatur 37,1°.

Brustumfang 93/100, Bauchumfang 90 cm. Lungengrenzen am Dornfortsatz des 8. Brustwirbels, wenig verschieblich. Klopfschall über der ganzen Lunge etwas gedämpft, keine Unterschiede zwischen beiden Seiten. Atemgeräusch nicht verändert.

Herz nicht vergrößert, Herztöne rein, Puls 84, nicht ganz regelmäßig. Blutdruck 140/80, Atmung 20, kann 7 Sekunden angehalten werden, dabei treten keine besonderen Erscheinungen auf.

Nach 10mal Bücken ist die Atmung 28, etwas vertieft, Puls 125, Stauungen bestehen nicht.

Röntgenbefund (Knappschaft): Beide Lungen sind von dichter Fleckung durchsetzt, die im einzelnen hirsekorn- bis linsengroß ist und in den Seitenteilen deutlich zusammenfließt. Beiderseits sind quer verlaufende Spangen sichtbar. Die Lungenwurzeln sind verbreitert, die Unterlappen aufgehellt. Im rechten Mittelgeschoß einige kalkdichte Einlagerungen. Zwerchfell zeigt beiderseits Verwachsungen.

Die Staublunge wurde trotz der geringen Funktionsstörungen mit Rücksicht auf das Röntgenbild als schwer angesehen. Silikose dritten Grades.

Fall 60. 49 Jahre, 31 Jahre Bergmann, 28 Jahre vor Stein, 4 Jahre im Schichtlohn, seit 3 Monaten außer Arbeit. Mäßiger Luftmangel beim Fahrtenklettern. Wenig Husten und Auswurf.

Mittelkräftig, mäßig ernährt. Nase beengt. Temperatur 36,9°.

Brustumfang 86/89, Bauchumfang 78 cm. Lungengrenzen am Dornfortsatz des 7. Brustwirbels, sie sind gut verschieblich. Keine Dämpfungen oder Geräusche. Klopfschall vorn etwas hohl. Über der rechten Spitze ist die Ausatmung verlängert.

Herz nicht vergrößert. Herztöne rein. Puls 80, Blutdruck 110/60. Atmung 12, sie kann 9 Sekunden angehalten werden. Dabei schwellen die Armvenen an und der Herzschlag wird schneller.

Nach 10mal Bücken ist der Puls 90, die Atmung 18, Atemnot und Stauungen bestehen nicht.

Röntgenbefund (Knappschaft): Beide Lungen sind dicht von feinfleckigen Verschattungen durchsetzt, die im einzelnen hirsekorn- bis linsengroß sind. Sie bilden in den Seitenteilen im 6. Zwischenrippenraum dichte Flecken. Das rechte Zwerchfell ist etwas verwachsen, die Lungenspitzen sind frei. Herz nicht vergrößert, Gefäßschatten etwas breit.

Trotz der bestehenden Silikose zweiten bis dritten Grades wurde wegen der fehlenden Funktionsstörungen schwere Staublunge nicht angenommen.

Fall 61. 45 Jahre, 27 Jahre Bergmann, etwa 16 Jahre vor Stein, 6 Jahre vor Kohle. Bis zuletzt im Gedinge. Im letzten Jahr war er mit Steinkippen beschäftigt. Seit 3 Monaten außer Arbeit. Luftmangel bei geringen Bewegungen, starkes Herzklopfen, Stiche in der linken Seite. Zur Zeit keinen Husten und Auswurf.

Befund: Wiegt bekleidet 60,5 kg. Nicht besonders kräftig gebaut, abgemagert, mittelkräftige Muskulatur. Temperatur 37,0°. Nase frei. Brustumfang 84/91, Bauchumfang 71 cm. Lungengrenzen am Dornfortsatz des 9. Brustwirbels. Höchstens 1 cm verschieblich, vorn an der 5. Rippe. Klopfschall hinten unten vielleicht etwas hohl, keine Dämpfung. Atemgeräusch über der ganzen Lunge etwas rauh, Geräusche bestehen nicht. Das Herz ist nicht deutlich vergrößert, die Herztöne sind rein. Die Tätigkeit regelmäßig, 82. Der Blutdruck ist 120/80. Die Atmung ist 32, mit Oberbauch, etwas angestrengt, sie kann jedoch 25 Sekunden ohne deutliche Veränderung angehalten werden. Die Nerven zeigen keine Besonderheiten.

Nach 10mal Bücken ist der Puls 105, die Atmung 36, vertieft, mit dem Oberbauch, sie kehrt schnell zur Ruhe zurück.

Röntgenbefund (Knappschaft): Beide Lungenfelder zeigen namentlich in den Mittelfeldern eine aus kleinen Flecken bestehende ziemlich dicht stehende Verschattung, die in den Seitenteilen zu dichten Massen zusammenfließt. Die Unterfelder sind aufgehellt, lassen aber dazwischen noch eine kleinfleckige Verschattung erkennen. Die Schatten sind linsengroß. Die Spitzen sind frei. Der Herzbeutel weist links einige Verwachsungen und Ausziehungen auf. Das Herz ist kugelig. Die Zwerchfelle zeigen deutliche Verwachsungen. Beide Lungenwurzeln erscheinen verbreitert und etwas nach unten verzogen.

Auffallend erscheint bei den beträchtlichen Lungenveränderungen die noch gute Funktion der Atmung. Silikose dritten Grades.

Fall 62. 48 Jahre, 32 Jahre Bergmann, 10 Jahre vor Stein, 2 Jahre im Schichtlohn. Noch als Wetterkontrolleur tätig. Luftmangel, Husten namentlich morgens, ohne Auswurf.

Sehr kräftig, gut ernährt. Nase links beengt. Temperatur 36,2°.

Brustumfang 96/104, Bauchumfang 94 cm. Lungengrenzen am Dornfortsatz des 8. Brustwirbels, gut verschieblich. Keine Dämpfungen oder Geräusche.

Herz nicht vergrößert, Herztöne rein. Puls 74, Blutdruck 120/70. Atmung 16, nicht angestrengt, wird gut angehalten.

Nach 10mal Bücken Puls 84, Atmung 24, keine Atemnot.

Röntgenbild (Augusta-Krankenhaus Bochum): Lungenwurzeln verbreitert. Zeichnung stark vermehrt. Rechts gehen Streifen zum Ober- und Unterlappen. Der Oberlappen ist von streifiger Verschattung durchsetzt. Im rechten Unterlappen befindet sich eine hühnereigroße Verdichtung. In dem linken Oberlappen ist seitlich unterhalb des Schlüsselbeins ebenfalls eine hühnereigroße Verdichtung sichtbar. Beide Lungen sind mit dichter Fleckung durchsetzt, die an den oben genannten Stellen zusammenfließt. Herz nicht vergrößert. Rechte Zwerchfellkuppe zeltförmig ausgezogen.

Trotz der erheblichen Veränderung noch keine Funktionsstörungen, daher Berufskrankheit noch nicht anerkannt. Silikose dritten Grades.

Fall 63. 47 Jahre, 23 Jahre Bergmann, 19 Jahre vor Stein. Bis zuletzt im Gedinge, seit 2 Monaten außer Arbeit. Luftmangel bei Witterungswechsel. Stiche in der Brust, Husten morgens und bei schnellem Gehen, wenig festsitzender grauer Auswurf.

Mittelkräftig, mittel ernährt, etwas blasse Gesichtsfarbe.

Brustumfang 92/97, Bauchumfang 82 cm. Lungengrenzen am Dornfortsatz des 7. Brustwirbels, gut verschieblich. Über der rechten Lungenspitze ist der Schall verkürzt, dort tritt nach Husten leises Giemen auf. Die Ausatmung ist dort etwas verlängert. Sonst ist der Befund über den Lungen nicht verändert.

Das Herz ist nicht vergrößert, die Herztöne sind rein, die Atmung ist 18, nicht angestrengt, mit dem Oberbauch. Blutdruck 125/70. Keine Stauungen. Nach 10mal Bücken ist der Puls 84, die Atmung 20, nicht deutlich angestrengt.

Röntgenbefund (Augusta-Krankenhaus Bochum): In beiden Lungenfeldern ist der Luftgehalt erheblich herabgesetzt. Sie sind von einer dichten Fleckung durchsetzt, die in den Seitenteilen, besonders rechts zusammenfließt. Lungenwurzeln beiderseits verbreitert, unscharf abgegrenzt. Aufhellung der untersten Lungenabschnitte. Zwerchfell beiderseits verwachsen. Herz etwas breit (Abb. 9).

Es besteht eine Silikose dritten Grades, dabei ist die Funktion noch nicht deutlich eingeschränkt.

Bei einer späteren Untersuchung, die $1^1/_2$ Jahre später stattfand, zeigte sich das Röntgenbild kaum verändert (Abb. 10).

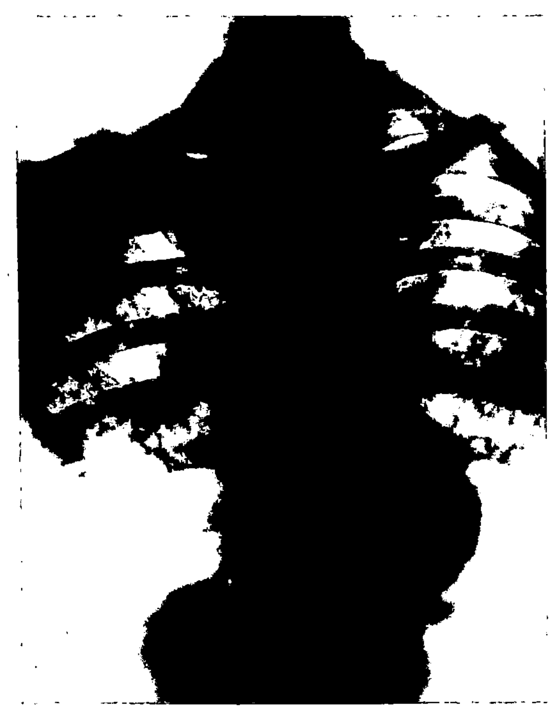

Abb.9. Zu Fall 63, Aufnahme vom 31. Mai 1930, geringe Funktionsstörung.

Die Atmung war 28, schon in Ruhe angestrengt und schnaufend, sie konnte nur 3,5 Sekunden angehalten werden, dann wurden die Hände blau.

Nach 5mal Bücken trat Schwindelanfall auf, das Gesicht wurde blau.

Der Unterschied in der Funktion ist deutlich, trotzdem eine Erschwerung des Leidens im Röntgenbild nicht hervortrat. Silikose dritten Grades.

Fall 64. 49 Jahre, 18 Jahre Bergmann, 15 Jahre vor Stein. Bis zuletzt im Gedinge, seit 2 Jahren außer Arbeit. Schmerzen in der Brust, Luftmangel, Mattigkeit, Husten, Auswurf wenig, nur morgens, gelegentlich von blutigen Fäden durchzogen.

Mittelkräftig, klein, untersetzt, mäßig ernährt. Temperatur 36,0°. Nase beengt.

Brustumfang 84/87, Bauchumfang 74 cm. Lungengrenzen am Dornfortsatz des 8. Brustwirbels, nicht verschieblich. Rechte Spitze bis Schlüsselbein und Schultergeräte gedämpft. Atemgeräusch dort verschärft mit verlängerter Ausatmung. Sonst bestehen über den Spitzen keine Dämpfungen oder Geräusche.

Herz nicht deutlich vergrößert, Herztöne rein. Puls 100. Blutdruck 110/70, Atmung 18, nicht besonders angestrengt, sie kann 13,5 Sekunden angehalten werden, dann wird der Herzschlag beschleunigt, und es tritt Hustenreiz auf. Auswurf nicht zu erhalten.

Röntgenbefund (Augusta-Krankenhaus Bochum): In beiden Lungen ist der Luftgehalt sehr stark herabgesetzt. Beide Lungenfelder sind von dichten mittel- bis großfleckigen Schattenmassen erfüllt, die annähernd symmetrisch sind. Zahlreiche derbe Stränge ziehen von den Schattenherden rechts herunter zum Zwerchfell. Nur die beiden seitlichen untersten Lungenfelder zeigen noch geringen Luftgehalt. Die Spitzen sind wenig verändert (Abb. 11).

Nach 5mal Bücken ist das Gesicht gerötet, es treten Hustenanfälle mit Blauwerden der Hände

Abb. 10. Zu Fall 63. Aufnahme desselben Patienten vom 28. 8. 31. Die Differenzen beruhen augenscheinlich auf der verschiedenen Härte der Aufnahmen.

Abb. 11. Zu Fall 64, Beschreibung im Text.

und des Gesichtes auf. Puls 110, Atmung 25, stark angestrengt.

Als schwere Staublunge anerkannt. Bemerkenswert ist, daß trotz der schweren Veränderungen im Röntgenbild die Atmung in der Ruhe noch keine schweren Störungen zeigt. Silikose dritten Grades.

Fall 65. 47 Jahre, 27 Jahre Bergmann, 12 Jahre vor Stein. Vor einem Jahr Lungenentzündung, dann im Schichtlohn $^1/_2$ Jahr. Seit einem Monat außer Arbeit. Brustschmerzen in der ganzen Brust. Nachtschweiße. Öfter Husten, wenig Auswurf.

Mittelkräftig, mäßig ernährt. Flacher Brustkorb. Blasse Gesichtsfarbe, Nasenatmung nur links behindert.

Brustumfang 82/88, Bauchumfang 77 cm. Lungengrenzen am Dornfortsatz des 8. Brustwirbels, gut verschieblich. Klopfschall überall laut, Atemgeräusch feucht.

Herz nicht vergrößert, Herztöne rein. Puls 90. Atmung 18, nicht angestrengt. Blutdruck 130/90.

Nach 10 mal Bücken ist der Puls 95, die Atmung nicht deutlich verändert.

Röntgenbefund: Beide Lungenfelder zeigen eine dichte, in den Seitenteilen zusammenfließende Fleckung. Die Luungenwurzeln sind verbreitert. Von ihnen ziehen nach den Seiten dichte Stränge. Das Zwerchfell steht wagerecht, es zeigt beiderseits kleine Verwachsungen. Der rechte Herzzwerchfellwinkel ist etwas verschattet.

Trotz der schweren Lungenveränderungen wurde wegen der ungestörten Funktion Berufskrankheit nicht anerkannt. Silikose dritten Grades.

Fall 66. 55 Jahre, 32 Jahre Bergmann, 29 Jahre vor Stein. 4 Jahre im Schichtlohn wegen Alters, seit 4 Monaten außer Arbeit. Luftmangel, Husten, Auswurf, Nachtschweiße, Erwachen durch Husten.

Kräftig, mittel ernährt. Nase beengt. Brustumfang 91/94, Bauchumfang 91 cm. Lungengrenzen am Dornfortsatz des 8. Brustwirbels, gut verschieblich. Keine Dämpfungen, keine Geräusche, Atemgeräusch etwas abgeschwächt.

Herz nicht vergrößert, Herztöne rein, Puls 75, Blutdruck 130/70. Atmung 24, eben sichtbar.

Nach 10 mal Bücken Puls 112, Atmung 28, etwas angestrengt, aber keine Atemnot. Keine Stauungen.

Röntgenbefund (Augusta-Krankenhaus Bochum): In beiden Lungen sind die Lungenfelder namentlich im oberen Teil ganz dicht verschattet, der Luftgehalt ist stark herabgesetzt. Die Verschattung besteht aus zahlreichen, erbsengroßen Flecken, die in den Seitenteilen zu ganz dichten Schattenmassen zusammenfließen. Der Herzschatten zeigt beiderseits unscharfe Begrenzung, er ist deutlich verbreitert. Beide Lungenwurzeln sind verbreitert, nach oben verzogen, sie gehen ohne deutliche Begrenzung in die Schattenmassen über. Die Gegend der rechten Lunge zeigt zahlreiche Kalkeinlagerungen, ebenso sind im linken Lungenfeld einige Kalkeinlagerungen. Das Zwerchfell zeigt deutliche Verwachsungen. Der linke Unterlappen ist aufgehellt.

Wegen der starken Veränderungen im Röntgenbild Berufskrankheit angenommen. Bemerkenswert ist die geringe Funktionseinschränkung. Silikose dritten Ranges.

Fall 67. 45 Jahre, 30 Jahre Bergmann, 5 Jahre ununterbrochen, später gelegentlich vor Stein. Im Gedinge bis zuletzt, seit 2 Monaten außer Arbeit. Stiche im Rücken, Luftmangel bei der Arbeit, Husten, Auswurf. Nachtschweiße.

Wenig kräftig, gering ernährt, blasse Gesichtsfarbe, rote Flecken auf den Wangen. Nase frei. Temperatur 37,3°.

Brustumfang 89/91, Bauchumfang 81 cm. Lungengrenzen am Dornfortsatz des 7. Brustwirbels, sie sind gut verschieblich. Die rechte Spitze steht etwas tiefer als die linke. Deutliche Unterschiede im Klopfschall bestehen nicht. Das Atemgeräusch ist über der ganzen Lunge etwas abgeschwächt, die Einatmung schlürfend.

Das Herz ist nicht vergrößert, die Herztöne sind rein. Der Puls ist 90, der Blutdruck 140/90, die Atmung 20, nicht deutlich vertieft, sie wird 22 Sekunden angehalten, ohne daß Stauungen oder Veränderungen des Herzschlages auftreten.

Nach 10mal Bücken ist der Puls 110, die Atmung 24, etwas angestrengt, es besteht jedoch keine Stauung oder deutliche Atemnot.

Der Auswurf wird ohne viel Anstrengung hervorgebracht, er ist von gelber Farbe, Tuberkelbazillen wurden nicht gefunden.

Röntgenbefund (Knappschaft): Beide Lungen sind dicht von einer feinfleckigen, im einzelnen etwa hirsekorngroßen Verschattung durchsetzt, die in den Seitenteilen Zusammenfließen zeigt. Das rechte Zwerchfell ist zeltförmig ausgezogen, die rechte Spitze diffus verschattet. Die Lungenwurzeln sind nicht deutlich verbreitert, das Herz ist nicht vergrößert.

Trotz des bestehenden Zusammenfließens wurde in Anbetracht der fehlenden Funktionseinschränkung Berufskrankheit nicht angenommen. Silikose zweiten bis dritten Grades.

Fall 68. 32 Jahre, 13 Jahre Bergmann, 3 Jahre vor Stein. 1 Monat außer Arbeit. Schmerzen und Engigkeit in der Brust. Husten und Auswurf bei Witterungswechsel.

Kräftig, gut ernährt, gesunde Gesichtsfarbe. Nase frei. Temperatur 36,8°.

Brustumfang 91/95,5, Bauchumfang 95 cm. Lungengrenzen an dem Dornfortsatz des 7. Brustwirbels, sie sind um 2 cm verschieblich. Atemgeräusch und Klopfschall ohne Veränderung.

Herz nicht vergrößert, Herztöne rein. Puls 78, regelmäßig, Blutdruck 110/60, die Atmung 14, eben sichtbar, sie kann 13 Sekunden angehalten werden, ohne daß Stauungen oder Veränderungen der Herztätigkeit auftreten. Nach 10mal Bücken ist der Puls 90, die Atmung 20, nicht angestrengt, keine Stauung.

Röntgenbefund (Augusta-Krankenhaus Bochum): Beide Lungenfelder sind in ganzer Ausdehnung sehr dicht von einer im einzelnen hirsekorn- bis linsengroßen Fleckung durchsetzt, die in den Seitenteilen deutlich dichter steht, aber kein Zusammenfließen zeigt. Das Zwerchfell steht beiderseits wagerecht, rechts zeigt es kleine Verwachsungen. Der Herzbeutel ist etwas ausgezogen.

Nicht als Berufskrankheit anerkannt. Trotz des als Schneegestöber zu bezeichnenden Röntgenbildes keine Funktionsstörungen. Silikose zweiten bis dritten Grades.

Fall 69. 48 Jahre, 32 Jahre Bergmann, 21 Jahr vor Stein. Angeblich Staublunge seit 4 Jahren. Außer Arbeit seit $^1/_4$ Jahr. Seit 4 Jahren Schichtlohn. Luftmangel, Schwindelanfälle, kann nur auf dem Rücken schlafen. Husten, Auswurf nur morgens.

Mittelkräftig, mäßig ernährt. Temperatur 36,8°. Gesicht etwas gerötet. Nase beengt.

Brustumfang 92/97. Bauchumfang 84 cm. Lungengrenzen am Dornfortsatz des 8. Brustwirbels, wenig verschieblich. Klopfschall und Atemgeräusch nicht verändert.

Herz nicht vergrößert, Herztöne rein. 2. Ton etwas betont. Blutdruck 120/70, Puls 90, regelmäßig. Atmung 16, nicht angestrengt, aber etwas kurz und stoßweise. Nach 8 mal Bücken Gesicht stark gerötet. Schwindel. Puls 110, Atmung etwas kurz, stoßweise. Keine deutliche Atemnot.

Röntgenbefund (Augusta-Krankenhaus Bochum): Beide Lungenfelder von einer feinen, ziemlich dichtstehenden Fleckung durchsetzt. Kalkkörner im linken Hilus. Die Seitenteile des ersten rechten Zwischenrippenraumes sind gleichmäßig verschattet.

Infolge der Veränderung des Atemtypus wurde bei den ausgedehnten Veränderungen bereits schwere Staublunge angenommen. Grenzfall. Silikose zweiten bis dritten Grades.

Fall 70. 45 Jahre, 26 Jahre Bergmann, 10 Jahre vor Stein. Seit 3 Monaten außer Arbeit, bis zuletzt im Gedinge. Luftmangel beim Arbeiten, Stiche im Rücken, Brustschmerzen. Husten ohne Auswurf. Nachts bisweilen Erwachen durch Luftmangel.

Klein, kräftig, mittel ernährt. Nase beengt. Temperatur 35,5°.

Brustumfang 86/91, Bauchumfang 83 cm. Lungengrenzen am Dornfortsatz des 7. Brustwirbels, gut verschieblich. Rechts vorn oben Dämpfung. Dort Ausatmung verlängert. Über der ganzen Lunge grobe, feuchte Rasselgeräusche. Bei tiefem Atmen Husten mit Auswurf, etwas glasigem Schleim.

Herz nicht vergrößert, Herztöne rein, Tätigkeit regelmäßig, 82. Blutdruck 126/60. Atmung 32, mit Flankenatmung, sie wird 11 Sekunden angehalten, ohne daß Stauungen auftreten.

Nach 10 mal Bücken Gesicht etwas gerötet, Atmung 26, stark vertieft, keine Stauung.

Röntgenbefund (Knappschaft): Beide Lungen sind in ihren unteren Teilen stark aufgehellt, so daß die anscheinend bestehende Verschattung auf der Platte nicht deutlich hervortritt. In den Oberfeldern zeigen die Seitenfelder eine dicht zusammenfließende Verschattung. Rechts Verwachsungen des Zwerchfells und des Herzrandes.

Röntgenbefund (Augusta-Krankenhaus Bochum): Beiderseits sind die Obergeschosse vom Schlüsselbein bis zur 4. Rippe intensiv verschattet Links ist die Entstehung aus Knoten deutlich zu erkennen, ebenso rechts am medialen Rand. Unterhalb der Verdichtungen erbsengroße Fleckung. Die unteren Lungenteile beiderseits gebläht. Verwachsung an der rechten Zwerchfellkuppe, Herz verbreitert, unscharf begrenzt, Luftröhre nach rechts verzogen. Hilus beiderseits von den Schattenmassen nicht abgrenzbar.

Beurteilung: Sehr starke Staublungenveränderungen bei verhältnismäßig guter Funktion. Silikose dritten Grades.

Fall 71. 53 Jahre, 30 Jahre Bergmann, 20 Jahre vor Stein. $1^1/_4$ Jahre außer Arbeit. Luftmangel, trockener Husten, nur selten wird etwas grauer Auswurf herausgebracht. Stiche in der Brust.

Kräftig, untersetzt, gut ernährt. Nase frei.

Brustumfang 94/96, Bauchumfang 91 cm. Lungengrenzen am Dornfortsatz des 8. Brustwirbels, nicht verschieblich. Rechts hinten unten handbreite Dämpfung. Atemgeräusch über der ganzen Lunge abgeschwächt.

Herz nach beiden Seiten etwas vergrößert, Herztöne rein. Puls 74, Blutdruck 125/75. Atmung 20, kann 16 Sekunden angehalten werden, Stauungen oder sonstige Veränderungen treten dabei nicht auf.

Nach 6mal Bücken gibt er an, er könne nicht mehr. Der Puls ist 100, die Atmung 24, nicht deutlich angestrengt. Keine Stauungserscheinungen. Der Auswurf besteht aus grau-glasigem Schleim, er enthält keine eitrigen Bestandteile.

Röntgenbild (Augusta-Krankenhaus Bochum): Beide Obergeschosse zeigen eine lockere Fleckung; in den Mittel- und Unterfeldern befinden sich gröbere geballte Schattenmassen. Rechts geht der untere Teil der Lungenwurzel in derartige dichte Schattenmassen über, die sich peripher streifenartig auflösen. Im rechten Hilus haselnußgroßer Kalkfleck.

Trotz der deutlichen Veränderungen nicht als schwere Staublunge anerkannt. Silikose dritten Grades.

Fall 72. 50 Jahre, Bergmann 30 Jahre, 20 Jahre vor Stein bis vor 9 Jahren, dann Schießfahrhauer bis vor 2 Jahren. Seit $1^1/_4$ Jahren außer Arbeit. Schmerzen in Schulter und Rücken, Schwindel, Luftmangel bei Anstrengungen.

Klein, schwächlich, gering ernährt. Nase frei. Temperatur 36,6°.

Brustumfang 89/94, Bauchumfang 92 cm. Lungengrenzen am Dornfortsatz des 7. Brustwirbels, gut verschieblich. Rechts hinten unten Dämpfung mit abgeschwächtem Atemgeräusch. Sonst keine Dämpfungen oder Geräusche.

Herz nicht vergrößert, Herztöne rein. Puls 70, Atmung 28, nicht angestrengt oder vertieft. Sie kann 20 Sekunden angehalten werden, dabei keine Stauung oder Veränderung der Herztätigkeit.

Nach 10mal Bücken ist die Atmung nicht verändert, der Puls 85. Keine Stauungen.

Röntgenbild (Clemens-Hospital Münster): Beide Lungenfelder in ganzer Ausdehnung durchsetzt von kleinen hirsekorn- bis höchstens linsengroßen Verschattungen. Beide Lungenwurzeln sind verbreitert. Rechts zeigt das Zwerchfell kleine Verwachsungen. Die Spitzen sind frei. Größere, zusammenfließende Verdichtungen sind nicht vorhanden. Schneegestöber. Das Bindegewebe ist stark vermehrt.

Wegen der geringen Atemstörungen noch nicht als schwere Staublunge angesehen. Silikose zweiten bis dritten Grades.

Fall 73. 47 Jahre, 29 Jahre Bergmann, 20 Jahre vor Stein. Noch in Arbeit. Schmerzen im Rücken; Husten, bei dem mit vieler Mühe einzelne feste Knötchen ausgeworfen werden. Der Husten ist am stärksten bei der Arbeit.

Kräftig gebaut, mittel ernährt. Temperatur 36,8°.

Brustumfang 88/93, Bauchumfang 83 cm. Lungengrenzen am Dornfortsatz des 9. Brustwirbels, sie sind um 1 cm verschieblich. Der Klopfschall über der ganzen Lunge etwas hohl. Atemgeräusch überall leise. Keine Rasselgeräusche.

Puls 60, Blutdruck 140/80. Herz nicht verändert.

Atmung in der Ruhe nicht deutlich sichtbar, etwa 16.

Nach 10 mal Bücken ist der Puls 100, die Atmung etwas beschleunigt, 28, nicht deutlich angestrengt, beruhigt sich schnell.

Röntgenbild (Augusta-Krankenhaus Bochum): Beide Lungenfelder sind von einer sehr feinen Fleckung durchsetzt, die links locker, im rechten Mittelfeld etwas dichter steht, und rechts seitlich zwischen der 1. und 5. Rippe zusammenzufließen beginnt. Rechts zwischen Ober- und Mittellappen Interlobärspange. Auch die Spitzenfelder sind leicht gefleckt, rechts deutlicher als links.

Trotz des beginnenden Zusammenfließens wegen der geringen Funktionsstörungen noch nicht als schwere Staublunge anzusprechen. Silikose zweiten bis dritten Grades.

Fall 74. 58 Jahre. Hat immer in Ziegeleien gearbeitet, nur zwei Jahre in der Zeit vor dem Kriege in einem Kalksandsteinwerk. Er war immer Hilfsarbeiter und ist in letzter Zeit mit Reinigen von Ziegelschuppen beschäftigt gewesen. Klagt über Schleim in der Brust. Bei Bewegungen besteht Husten mit viel Auswurf. Luftmangel.

Kräftig gebaut, etwas blaß, mittel ernährt. Nase beengt. Temperatur 36,4°.

Brustumfang 90/95, Bauchumfang 86 cm. Lungengrenzen am Dornfortsatz des 8. Brustwirbels, gut verschieblich, keine Dämpfungen, keine Geräusche.

Herz nicht vergrößert, Herztöne rein. Puls 90, Blutdruck 140/80. Atmung 16, kann 10 Sekunden angehalten werden. Nach 10 mal Bücken Puls 120, Atmung 20, nicht wesentlich vertieft.

Röntgenbefund (Film aus Lungenfürsorgestelle Minden): Beide Lungenfelder zeigen tiefe, schrotkornartige Verschattungen, die namentlich im linken Oberfeld besonders dicht stehen. Die Verschattung ist ziemlich tief, die rechte Lunge zeigt in der Nähe des Hilus eine kindsfaustgroße Verschattung, in die der Gefäß- und Luftröhrenschatten hineingezogen ist. Das rechte Zwerchfell ist verwachsen, das Unterfeld mit Strängen angefüllt, die von der Lungenwurzel senkrecht nach unten ziehen. Die linke Lunge zeigt eine verbreiterte Lungenwurzel mit nach unten ziehenden Strängen. Im Oberfeld befindet sich eine verbreiterte fleckige Verschattung.

Es wurde eine Durchleuchtung und Röntgenaufnahme in dem

Röntgeninstitut der allgemeinen Ortskrankenkasse Bielefeld vorgenommen.

Die Spitzen hellen sich beim Husten gut auf. Beide Ober- und Mittelfelder zeigen zahlreiche dichte, gut abgesetzte Schattenflecke. Unter dem linken Schlüsselbein befindet sich ein dreimarkstückgroßer Schattenflecken. Die kleineren Flecke sind in Höhe der zwei ersten Rippen zusammengeballt. Der Hilus ist gut abgesetzt, jedoch deutlich vergrößert und verdichtet. Es besteht eine Verziehung des Mediastinums nach rechts, wodurch der rechte Hilus überdeckt erscheint. Im rechten Hilus, vom Hilus nicht deutlich abzutrennen, erkennt man eine scharf begrenzte, flächenförmige Verschattung, die zwei Finger breit von der Peripherie deutlich abgesetzt ist. Die Verschattung bewegt sich beim Hustenstoß. Neben dem Brustbein läuft rechts ein breites Schattenband. Das rechte Zwerchfell ist stark verwachsen und hochgezogen. Luftröhre und Speiseröhre sind nach rechts verlagert. In beiden Unterfeldern Emphysem.

Röntgenbild. Beide Lungenfelder zeigen eine ziemlich tiefe fleckige Verschattung. In der rechten Lunge ist vom Hilus ausgehend eine faustgroße, diffuse Verschattung sichtbar. Eine besondere Beteiligung der Seitenfelder besteht nicht.

Das in Verdrehung aufgenommene Bild zeigt den Schatten im Mittelfeld schärfer, auch tritt die Verschattung im Mittelfeld deutlicher heraus.

Es handelt sich nach dem Urteil von Prof. Böhme in Bochum, das ich in Anbetracht der Berufsvorgeschichte und des eigenartigen Befundes erbat, um eine sehr alte Silikose, die B. wiederholt bei Gesteinshauern gesehen hat, die ihre Tätigkeit nicht mehr ausüben. Eine Tuberkulose nimmt B. nicht an.

Es liegen hier schwere Staublungenveränderungen mit Schrumpfungsvorgängen vor, die keinen deutlichen Funktionsfall verursachen.

Fall 75. 42 Jahre, 24 Jahre Bergmann, 9—10 Jahre vor Stein. Luftmangel, Husten, gelegentlich Auswurf, keine Nachtschweiße, kein Blutauswurf, schlechter Schlaf.

Lang, wenig kräftig, abgemagert. Temperatur 37,1°. Nasenatmung frei.

Brustumfang 87/92, Bauchumfang 76 cm. Lungengrenzen am Dornfortsatz des 7. Brustwirbels, sie sind gut verschieblich. Rechte Spitze Klopfschall verkürzt und erhöht mit klapperndem Beiklang. Atemgeräusch über der Spitze nicht hörbar, am Schlüsselbein und neben der Schültergräte bronchial.

Herz nicht deutlich vergrößert, Tätigkeit beschleunigt, 102, Töne rein. Blutdruck 120/70, Atmung 26, etwas vertieft, sie kann 13 Sekunden angehalten werden, dann werden die Hände blau. Nach 10 mal Bücken keine vermehrte Stauung. Puls 110, Atmung 28, Atemnot besteht nicht.

Röntgenbefund (Knappschaft): Das rechte Oberfeld ist von der Lungenwurzel ausgehend grobfleckig dicht verschattet. In den Unterfeldern sind diffuse Verschattungen eingelagert. Links zeigt sich eine von der Lungenwurzel ausgehende grobfleckige Verschattung, die sich besonders in das Oberfeld erstreckt. In dieselbe sind tiefere Verschattungen eingelagert. Die Lungenwurzeln sind verbreitert und verzogen.

Der rechte Herzzwerchfellwinkel ist verschattet. Das rechte Zwerchfell ist verwachsen. In den Seitenteilen des Mittelfeldes beiderseits bestehen deutliche feinfleckige Einlagerungen. Von der rechten Lungenwurzel aus ziehen sich ins Unterfeld dichte Verschattungen, die stellenweise kalkdichte Einlagerungen zeigen.

Der Auswurf ist schaumig, mit einzelnen gelben Flocken durchsetzt, in ihnen werden Tuberkelbazillen nachgewiesen.

Es sind sehr starke Verschattungen der Lunge vorhanden, die als tuberkulöse anzusprechen sind. Eine Staublunge besteht nur in ganz geringem Umfang. Trotz der ausgebreiteten Verschattung ist die Funktionseinbuße der Atmung nur gering, namentlich tritt nach Anstrengungen eine viel geringere Kurzatmigkeit auf, als bei Staublungen mit gleich ausgedehnten Verschattungen.

Die vorstehenden 33 Fälle zeigen sämtlich recht beträchtliche Lungenveränderungen im Röntgenbilde, während die Funktion noch keine deutliche Beeinträchtigung zeigt.

Ein Fall war vielleicht noch nicht als röntgenologisch schwer anzusehen, 8 Fälle standen auf der Grenze zwischen zweitem und drittem Stadium, während 21 sicher als drittes Stadium anzusehen sind. Erschwerungen der Atmung bestanden in der Ruhe, abgesehen von einem Falle, nicht, in dem einen Falle nahmen sie aber nach Anstrengung nicht zu. In 3 Fällen wurden sie nach Anstrengung deutlich. Beachtenswert ist der Fall 74, in dem sehr alte Steinstaubveränderungen mit dichten Zusammenballungen vorlagen, ohne daß eine deutliche Einschränkung der Funktion bestand.

Von den Fällen, die als zweiten bis dritten Grad angesehen worden sind, zeigten 3 ein deutliches Bild des Schneegestöbers, während der Rest deutliches, aber noch nicht besonders ausgedehntes Zusammenfließen zeigte.

In den vorstehenden Fällen sind die röntgenologisch nachweisbaren Veränderungen wesentlich schwerer und weiter fortgeschritten als bei der Abteilung B, und trotzdem sind die Funktionsstörungen wesentlich geringer. Es zeigt sich auch hier die Abweichung des Röntgenbefundes von dem klinischen Befund.

Gruppe D.

Schwere Staublungen mit Veränderungen der Funktionsstörungen.

Fall 76. 60 Jahre, 46 Jahre Naßschleifer. Noch in Arbeit. Luftmangel, der so stark ist, daß er den Weg zu seiner Wohnung von 1 km nicht in der $1^1/_2$ stündigen Mittagspause zurücklegen kann. Dagegen kann er seine Schleifarbeit, Schleifen von Schippen und Hacken am nassen Sandstein im Akkord noch gut verrichten. Ferner bestehen Herzklopfen und Blutandrang zum Kopf.

Kräftig, gedrungen, gut ernährt. Die Gesichtsfarbe ist bläulich gerötet, die Atmung etwas angestrengt.

Brustumfang 98/92. Die Lungengrenzen stehen am Dornfortsatz des

9. Brustwirbels, sie sind noch etwas verschieblich. Dämpfungen bestehen nicht. Die Lunge zeigt überall rauhes und feuchtes Atmen.

Herz nicht deutlich vergrößert, Herztöne rein. Puls 105. Blutdruck 135/60. Atmung 28, etwas schnaufend und vertieft.

Nach 7mal Bücken besteht hochgradige Kurzatmigkeit und Atemnot, Atmung 40, Puls 128.

Im Urin geringste Spuren von Eiweiß.

Diffuse kleinfleckige, verbreiterte Schattenbildung, besonders in den Randzonen. An den Hilusdrüsen deutliche, zum Teil geschichtete Kalkablagerungen. Am rechten Zwerchfell Ausziehung.

Schwere Staublunge in Anbetracht der Atmungsbeschwerden und der Stauung. Beachtlich erscheint die Tatsache, daß er in seinem Verdienst noch nicht wesentlich eingeschränkt ist. Silikose dritten Grades.

Fall 77. 32 Jahre, 16 Jahre Bergmann, vor Stein 11 Jahre, im Schichtlohn 1 Jahr. Schmerzen in der Brust und Luftmangel, morgens etwas Husten mit Auswurf. Seit einiger Zeit Nachtschweiße, gelegentlich etwas Blut im Auswurf.

Mittelkräftig, mäßig ernährt. Nase frei. Temperatur 36,8°.

Brustumfang 83/91, Bauchumfang 76 cm. Lungengrenzen am Dornfortsatz des 8. Brustwirbels, gut verschieblich. Über der Lunge keine Dämpfungen, das Atemgeräusch ist etwas rauh und feucht. Keine abnormen Geräusche.

Herz nicht vergrößert, Herztöne rein. Atmung 20, deutlich angestrengt, sie wird 13 Sekunden angehalten, dann tritt Beschleunigung des Herzschlages und Blaufärbung der Hände auf.

Röntgenbefund (Augusta-Krankenhaus Bochum): Beide Lungenfelder sind in ganzer Ausdehnung von einer linsen- bis erbsengroßen Fleckung dicht durchsetzt. Dieselbe zeigt jedoch noch kein deutliches Zusammenfließen. Der rechte Herzzwerchfellwinkel zeigt streifige Verschattung. Die rechte Zwerchfellkuppe zeigt keine Verwachsungen.

Beurteilung: Die Steinstaublunge steht an der Grenze des dritten Stadiums. Da sie bereits im Alter von 32 Jahren so stark entwickelt ist, und da Funktionsstörungen bestehen, ist die Berufskrankheit angenommen. Silikose zweiten Grades.

Fall 78. 44 Jahre, 28 Jahre Bergmann, 15 Jahre vor Stein, 1 Jahr dann Kauenwärter, dann Reparaturhauer. Seit 3 Monaten außer Arbeit.

Luftmangel, Schmerzen im Rücken, viel Husten, viel Auswurf, in den letzten 3 Wochen bluthaltig. Nachtschweiße. Abmagerung.

Kräftig, mittel ernährt, gerötete Gesichtsfarbe. Nase stark verengt. Temperatur 37,1°.

Brustumfang 92/98, Bauchumfang 84 cm. Lungengrenzen am Dornfortsatz des 9. Brustwirbels, nicht verschieblich. Dämpfung über der rechten Spitze. Rechte Ober- und Unterschlüsselbeingrube stark eingesunken. Über der rechten Spitze noch Husten Giemen; das Atemgeräusch ist dort bronchial.

Herz nicht vergrößert, Herztöne rein. Puls regelmäßig, 95. Blutdruck 120/70. Atmung 28, sie kann 22 Sekunden angehalten werden ohne Veränderung der Atmung und des Herzschlages.

Der Auswurf enthält zahlreiche Tuberkelbazillen.

Nach 10mal Bücken ist die Atmung vertieft, angestrengt, das Gesicht tiefer gerötet. Der Puls 115.

Röntgenbild (Augusta-Krankenhaus Bochum): Beide Lungenfelder in ganzer Ausdehnung von einer feinen Fleckung durchsetzt. Rechts unterhalb des Schlüsselbeins eine gleichmäßige Verschattung bis zur 4. Rippe. Sie läßt in dem medialen Teil die Zusammensetzung aus kleinen Knötchen erkennen. Beide Lungenwurzeln verbreitert. Blähung im rechten Unterlappen.

Es liegt eine schwere Staublungenerkrankung mit Tuberkulose vor. Auffällig erscheint trotz der Atembeschwerden die Möglichkeit, den Atem länger anzuhalten.

Fall 79. 52 Jahre, 15 Jahre Naßschleifer bis vor 5 Jahren, seither Hilfsarbeiter. 4 Monate außer Arbeit. Luftmangel, Husten ohne Auswurf, Schlaflosigkeit, muß nachts im Bett sitzen.

Wenig kräftig, gering ernährt. Temperatur 37,6°. Nasenatmung beengt.

Brustumfang 86/92, Bauchumfang 80 cm. Lungengrenzen am Dornfortsatz des 8. Brustwirbels, gut verschieblich.

Keine Dämpfungen. Links oben Bronchialatmen und Giemen. Links hinten unten Atemgeräusch feucht. Zahl der Atemzüge wegen häufigen Hustens nicht festzustellen. Puls 95. Herz ohne Besonderheit. Atmung kann 5 Sekunden angehalten werden, dann tritt Vertiefung der schon an sich bestehenden bläulichen Verfärbung der Hände auf.

Nach 10mal Bücken sind Hände und Gesicht blau verfärbt, die Atmung ist unregelmäßig, es besteht Hustenreiz, kein Auswurf.

Röntgenbild (Augusta-Krankenhaus Bochum): Das linke Oberfeld ist bis zum 2. Zwischenrippenraum grobfleckig zusammenfließend verschattet, unter dem Schlüsselbein bestehen Aufhellungen. Die Schattenmassen stehen in breiter Verbindung mit dem vergrößerten linken Hilus. Weiter abwärts im linken Unterfeld erbsen- bis bohnengroße, weiche, unscharf begrenzte Flecke. Rechte Spitze gefleckt. Unterhalb davon locker stehende, weiche Fleckung. Hilusschatten beiderseits stark verbreitert, von zahlreichen, schalenförmigen Kalkflecken durchsetzt.

Beurteilung: Tuberkulose der linken Spitze, daneben sichere silikotische Veränderungen, die auf dem Röntgenbild noch nicht besonders stark erscheinen. Die Behinderung der Atmung und die auftretenden Stauungen gehören nicht zum Bilde der Tuberkulose, sondern sind als silikotische Veränderungen aufzufassen. Infolgedessen liegt eine schwere Staublunge in Verbindung mit Tuberkulose vor.

Fall 80. 64 Jahre, Bergmann 48 Jahre, 18 Jahre vor Stein, die letzten 7 Jahre im Schichtlohn als Reparaturhauer. Seit einem Monat feiert er. Luftmangel, Schwäche. Wenig Husten, kein Auswurf. Schlaf durch Luftmangel schlecht. Gelegentlich Nachtschweiße.

Kräftig, mittel ernährt. Nase frei. Temperatur 36,0°.

Brustumfang 88/94, Bauchumfang 85 cm. Lungengrenzen am Dornfortsatz des 10. Brustwirbels, nicht verschieblich. Herzdämpfung frei. Klopfschall über der ganzen Lunge hohl. Atemgeräusch abgeschwächt.

Herz nicht vergrößert, Herztöne rein. Puls 74, regelmäßig.

Blutdruck 130/90, Atmung 26, angestrengt, schnaufend, kann 5 Sekunden angehalten werden.

Die Fingerspitzen sind etwas verdickt und bläulich verfärbt. Nach 2mal Bücken starke Bläuung des Gesichtes und Atemnot.

Röntgenbefund (Augusta-Krankenhaus Bochum): Beide Lungenfelder von einer feinen Fleckung durchsetzt, die im einzelnen linsenbis hirsekorngroß ist. Rechts unterhalb des Schlüsselbeins in der Mitte ein taubeneigroßer Schatten, der durch zahlreiche Stränge mit der rechten Lungenwurzel verbunden ist. Links befinden sich die gleichen Veränderungen in etwas geringerer Ausprägung. Beide Spitzenfelder sind verschleiert und zeigen feine Fleckungen. Von der rechten Lungenwurzel gehen zahlreiche Stränge zum Zwerchfell, das Verwachsungen zeigt. In den Mittelfeldern besteht neben den Lungenwurzeln eine deutliche Aufhellung.

Klinisch schwere Atemnot. Im Röntgenbild neben nicht besonders starken Verschattungen bereits Schrumpfungserscheinungen (Emphysem an den Lungenwurzeln). Schwere Staublunge. Silikose zweiten Grades und Tuberkulose.

Fall 81. 30 Jahre, 4 Jahre Schleifer am nassen Sandstein, vorher Schleifer in einer Schuhleistenfabrik (Schmirgel und Buchenholz). Seit 6 Monaten ziemlich akut erkrankt mit Schwitzen, Mattigkeit, Husten, besonders nach Bewegungen. Fieber bis 39,2°. Zur Zeit Kurzatmigkeit und Husten, Blutarmut, Appetitlosigkeit, gelegentlich Nachtschweiße. Fühlt sich sehr schwach und hat angeblich in letzter Zeit 14 kg abgenommen.

Untersuchung 19. April 1930. Macht einen schwerkranken Eindruck. Hochgradige Abmagerung, starke Kurzatmigkeit. Der Körperbau ist schmächtig, die Gesichtsfarbe ist leicht bläulich, der Brustkorb ist eingefallen. Die rechte Seite bleibt bei der Atmung deutlich zurück. Die Atmung ist stark beschleunigt, oberflächlich, 50 in der Minute. Der Brustumfang beträgt 81/83 cm. Über der Lunge befindet sich rechts hinten unten eine leichte Dämpfung, dort ist das Atemgeräusch abgeschwächt; links hinten unten ist das Atemgeräusch verschärft. Unter dem linken Schlüsselbein besteht leises Bronchialatmen.

Das Herz zeigt keine deutlichen Veränderungen.

Der Puls ist 140, sehr klein und weich. Die Temperatur in der Achselhöhle beträgt 12 Uhr mittags 38°. Bei der Untersuchung besteht kein Husten. Im Auswurf, der sehr spärlich ist und anscheinend aus den oberen Luftwegen stammt, wurden Tuberkelbazillen nicht gefunden. Beim Husten trat starke Atemnot auf. Die Röntgenuntersuchung hatte folgendes Ergebnis (Abb. 12):

Es besteht eine diffuse, überaus dichte kleinfleckige Trübung im Bereich der ganzen Lunge, die sich besonders in den mittleren Partien der Lungenfelder zu dichteren Herden zusammenballt. Die Zwerchfelle erscheinen beiderseits glatt, die Zwerchfellrippenwinkel sind frei.

Beurteilung: Das Röntgenbild zeigt eine starke Ähnlichkeit mit dem Bilde der Steinstaublunge, jedoch ist die Verteilung der Verdichtungen insofern anders, als die Verdichtungen sich mehr in der Mitte der Lungenfelder zeigen, im Gegensatz zu dem Bilde der Steinstaublunge, die die hauptsächlichsten Verdichtungen in den Seitenteilen aufweisen. Das klinische Bild entspricht in keiner Weise dem Bilde der Steinstaublunge. Es sei ganz davon abgesehen, daß eine derartige Verän-

Abb. 12. Zu Fall 81, Beschreibung im Text.

derung der Lunge nach nur vierjähriger Tätigkeit als Schleifer am Sandstein noch nicht beobachtet ist, daß vielmehr zum Zustandekommen eines solchen Zustandes eine mindestens 15—20jährige Tätigkeit gehört. Das klinische Bild spricht nach der Art seiner Entstehung nach den bestehenden Nachtschweißen, nach dem Fieber, das auch zur Zeit noch besteht und nach dem sehr schlechten Allgemeinzustand und der hochgradigen Schwäche für eine tuberkulöse Erkrankung. Im vorliegenden Falle handelt es sich um eine miliare Aussaat von Tuberkelknötchen in die gesamte Lunge, d. h. um eine plötzlich auftretende schwere Tuberkulose. Für das Bestehen einer Steinstaublunge sind keine Anhaltspunkte gegeben.

Der Kranke ist am 8. Nov. 1930 gestorben. Er wurde von dem zuständigen Kreisarzt obduziert, die Lungen Herrn Prof. Dr. Schridde in Dortmund gesandt. Das Ergebnis war:

Linke Lunge: Oberfläche schiefergrau mit fetzigen Bindegewebsmassen. Konsistenz sehr derb und fest. Man fühlt zahlreiche, sehr derbe Knötchen und Knoten durch. Auf der Schnittfläche sieht man zahlreiche, sehr derbe, knötchenförmige Herde von schiefergrauer Farbe. Die Herde sind fast gleichmäßig über die ganze Schnittfläche verteilt.

Rechte Lunge bietet ganz das gleiche Bild.

Mikroskopische Untersuchung: Rechte und linke Lunge (an 9 verschiedenen Stellen untersucht) überall das gleiche Bild, meist zu Gruppen zusammenstehende Knötchen, die aus einem Flechtwerk von hyalinen Bändern aufgebaut sind (nodöse Siliko-Keloidose). Dazwischen auch ein diffuses Gewebe aus längsgestreckten, hyalinen Bändern (diffuse Siliko-Keloidose). Vielfach in den Knötchen leichte Kalkeinlagerungen. Geringe Rußeinlagerung. Nirgends Tuberkulose.

Es hat sich also um eine ganz akut entstandene, unter dem Bilde einer subakuten bis chronischen Miliartuberkulose verlaufene Staublunge gehandelt. Es erscheint auffällig, daß die Steinstaublunge in so kurzer Zeit in einem derartigen Grade entstehen konnte.

Die im Betriebe vorgenommenen Erhebungen haben ergeben, daß während der Arbeitszeit auf Wunsch der Belegschaft die Pausen verkürzt wurden. Es war nur eine Pause von etwa $^{1}/_{2}$ Stunde am Mittag eingelegt. Trotz des Widerspruches der Gewerbeaufsicht wurde die Pauseneinteilung vom Schlichter genehmigt. Außerdem wurde sehr häufig aufgerauht, da die Schleifer der Ansicht waren, die Steine leisteten durch häufiges Aufrauhen mehr. Der Mehrverbrauch an Steinen war in dieser Zeit ganz erheblich.

Fall 82. 33 Jahre, 11 Jahre Bergmann vor Stein, 9 Monate außer Arbeit. Luftbeschwerden beim Gehen, Husten morgens mit gelbem Auswurf, Nachtschweiße.

Wenig kräftig, gering ernährt, flacher Brustkorb. Temperatur 36,4°. Nasenatmung frei.

Brustumfang 90/96, Bauchumfang 81 cm. Lungengrenzen am Dornfortsatz des 7. Brustwirbels, sie sind gut verschieblich. Rechte Spitze zeigt Verkürzung, die Ausatmung ist dort verlängert, das Atemgeräusch scharf. Hinten ist das Atemgeräusch hohl mit leichtem Giemen, vorn unter dem Schlüsselbein besteht Knisterrasseln. Über den Unterlappen ist das Atemgeräusch rauh.

Herz nicht vergrößert, Tätigkeit unregelmäßig mit zwischenfallenden Zusammenziehungen, 72, Herztöne nicht deutlich unrein. Blutdruck 120/80. Die Atmung ist 24, deutlich sichtbar, sie kann 7 Sekunden angehalten werden, dabei werden die Fingerspitzen bläulich.

Nach 10mal Bücken ist der Puls 95, die Atmung 32, angestrengt, das Gesicht blaßbläulich verfärbt.

Der Auswurf besteht aus weißlichem Schleim und enthält keine eitrigen Bestandteile.

Röntgenbefund (Augusta-Krankenhaus Bochum): Beide Lungenfelder sind in ganzer Ausdehnung von einer sehr dicht stehenden linsenbis erbsengroßen Fleckung durchsetzt. Über der linken Zwerchfellkuppe und beiderseits von der Lungenwurzel erscheint das Gewebe etwas aufgehellt. Der sonstige Luftgehalt der Lungenfelder erscheint herabgesetzt.

Die Erkrankung ist als schwere Staublunge angesehen, weil die Lungenveränderungen bei dem 30jährigen Mann bereits recht hochgradig und deutliche Funktionsstörungen bestehen.

Seitens der Berufsgenossenschaft war der Fall als nicht schwer bezeichnet, weil noch keine Schwielen oder Schrumpfungsprozesse vorhanden waren. Silikose zweiten Grades.

Fall 83. 50 Jahre, war zuerst Landarbeiter, seit 1909 wurde er auf einer Zeche über Tage beschäftigt, zunächst war er an den Gebläsekesseln als Kesselreiniger. Im Felde war er von 1915—1917, dann wurde er Generatorenheizer. Von 1918—1926 mußte er Kessel heizen, beim Kesselreinigen helfen, die Flugasche ziehen, dann kam er zur Platzarbeit, während dieser Zeit hatte er sehr staubige Arbeit, er mußte den waggonweise ankommenden Streustaub auf Schubkarren laden und in Bunker kippen. Später mußte er ihn in die Förderwagen laden. Diese Tätigkeit hat er von 1926—1928 ausgeübt, dann kam er in die Pechmühle der Brikettfabrik.

Seit 3 Monaten klagt er über Luftmangel. Schon vor 2 Jahren sollen Lungenveränderungen vorgelegen haben. Es bestand Luftmangel, Husten, Zittern sowie süßlich schmeckender Auswurf. Ferner bestehen Nachtschweiße. Bei feuchter Luft ist die Brust eng und der Schlaf unruhig durch Luftmangel. Im Auswurf sollen sich harte Stücke befunden haben.

Befund: Temperatur 37,3°. Kräftig gebaut, gut ernährt, faßförmiger Brustkorb. Gesicht ist stark gerötet. In Ruhe besteht deutliche Atemnot. Die Sprache ist kurz, abgehackt wie bei Atemnot. Das linke Nasenloch ist etwas beengt, das rechte ist frei.

Brustumfang 102/105, Bauchumfang 104 cm. Lungengrenzen stehen vorn an der 4. Rippe, hinten am Dornfortsatz des 6. Brustwirbels, sie sind deutlich verschieblich. Die absolute Herzdämpfung ist überlagert. Der Klopfschall ist über der ganzen Lunge hohl. Das Atemgeräusch ist nur unter den Schlüsselbeinen hörbar, dort besteht Giemen, sonst ist es sehr leise. Das Herz ist deutlich nach links verbreitert, es liegt quer, der Spitzenstoß ist nicht fühlbar. Die Herztöne sind rein. Der Puls ist 80, klein, weich. Der Blutdruck ist 150/80.

Die Atmung ist schon in Ruhe beschleunigt. schnaufend, mit Oberbauch und Einziehung des Halses. Sie kann 5 Sekunden angehalten werden, dann wird der Herzschlag schneller, die schon sonst vorhandene Blaufärbung der Fingerspitzen vertieft sich.

Röntgenbefund (Knappschaftskrankenhaus Langendreer): Das Herz ist etwas verbreitert, es liegt quer, die linke Herzkammer ist etwas ausgebuchtet. Beide Lungenwurzeln sind verbreitert. Das Lungengewebe ist sehr stark vermehrt, ziemlich dicht, netzförmig, in beiden Unterlappen befinden sich ziemlich zahlreiche hirsekorngroße, kalkdichte Flecken. Der rechte Oberlappen ist in seiner ganzen Ausdehnung allgemein verschattet. In den Seitenteilen liegen in den Maschen des sehr dichten

Bindegewebes kleinfleckige Einlagerungen von etwas weicherer Beschaffenheit als die oben genannten Flecken. Der Luftgehalt beider Lungen erscheint etwas herabgesetzt. Ein deutliches Zusammenfließen der Verschattung besteht nicht. Der rechte Herzzwerchfellwinkel und das linke Zwerchfell sind verwachsen.

Das Röntgenbild ist eigenartig, es gibt nicht so sehr eine kleinfleckige Verschattung, wie eine ziemlich weit verbreitete, diffuse mehr netzförmige Verschattung, die in den Seitenteilen etwas dichter steht. Das

Abb. 13. Zu Fall 84, Aufnahme vom 6. 7. 30.

Bild erinnert an das Bild der Asbeststaublunge, die auf einer nicht knotigen, sondern mehr allgemeinen Verdichtung des Bindegewebes beruht.

Fall 84. 49 Jahre Schleifer auf Schmirgelscheibe neben einem Sandstrahlgebläse, er war durch die Umdrehung der Scheibe der Einatmung des im Raume befindlichen Quarzstaubes ausgesetzt. Wie sich an einer hinter der Scheibe stehenden Blechwand zeigte, hatte die Scheibe den Sandstaub mit Wucht gegen die Wand geworfen. Damals bestand schon Atemnot.

Brustumfang 96/99, Bauchumfang 98. Lungengrenzen am Dornfortsatz des 8. Brustwirbels, nicht verschieblich. Lunge keine Dämpfungen oder Geräusche, verlängerte Ausatmung.

Herz nicht vergrößert, Töne rein. Puls 78, regelmäßig. Atmung 28. schnaufend.

Röntgenbild (Abb. 13): Verbreiterte Lungenwurzel, abgeflachte Zwerchfellkuppen, im rechten Unterlappen Zeichnung verstärkt, in den Seitenteilen geringe feinfleckige Einlagerungen.

$1^3/_4$ Jahr später war die Atemnot vermehrt. Temperatur 36,5°. Brustumfang 96/97, Bauchumfang 95 cm. Lungengrenzen am Dornfortsatz des 11. Brustwirbels, nicht verschieblich. Lungenlebergrenze am 8. Rippenbogen. Leber in die Tiefe verschoben.

Herz vergrößert, Spitzenstoß außen von der Brustwarzenlinie. Herztöne rein. Puls 80, regelmäßig. Atmung 40, stark hörbar, angestrengt,

Abb. 14. Aufnahme vom 3. 3. 32.

wenig ausgiebig. Pendelatmung. Sie kann 3 Sekunden angehalten werden. Keine Stauungen.

Röntgenaufnahme (Ambrock) (Abb. 14): Flaches, tiefstehendes Zwerchfell, rechte Lungenwurzel verbreitert, von ihr aus in das Unterfeld ziehende streifige Verschattung, beide Lungen in ganzer Ausdehnung von einer feinfleckigen, im einzelnen höchstens linsengroßen Verschattung durchsetzt, namentlich in den Unterlappen. Keine Zwerchfellverwachsungen.

Die Beurteilung erkannte schwere Staublunge an, weil er durch die Tätigkeit an der Schleifscheibe in besonderem Maße dem aufgewirbelten Sandstaub ausgesetzt war.

Die Staublungenveränderungen hatten sich in der Zwischenzeit erheblich verschlimmert, ohne daß er weiter gearbeitet hatte. Der Fall zeigt mit der Sicherheit eines Experimentes, daß die Funktionsstörungen schon unabhängig von den Veränderungen im Röntgenbild bestanden haben. Die Funktionsstörung trat eher auf, als die Bindegewebsvermehrung.

Die letzte Gruppe bringt einige klinisch interessante Fälle. Sie zeigen sämtlich Funktionsstörungen. In zwei Fällen war die Staublunge bei Bergleuten bereits in verhältnismäßig jugendlichem Alter entstanden und zeigten deutliche Störungen, obgleich die Lungenveränderungen noch nicht dem dritten Grad entsprachen. Ein Fall zeigte schwere Staublunge mit deutlicher Atemnot, trotzdem war der Erkrankte als Schleifer noch nicht in seinem Verdienst eingeschränkt, konnte aber den Weg von 1 km zu seiner Wohnung in der Mittagspause nicht mehr zurücklegen.

Der Fall 81 zeigt eine schwere Staublunge, die im klinischen Bild sehr erheblich von dem sonstigen Bild der Staublunge abweicht, so daß die Erkrankung zunächst für eine Miliartuberkulose angesehen wurde. Dafür sprach das klinische Bild, Fieber, Atemnot, sowie die Verteilung der Flecken, die im Röntgenbild auch eine ziemlich weiche Beschaffenheit zeigten. Außerdem war der Erkrankte nur 4 Jahre in der Sandsteinschleiferei tätig gewesen, so daß auch dieser Umstand gegen eine Staublunge zu sprechen schien. Röntgenologisch konnte die Erkrankung als Silikose zweiten Grades angesehen werden. Die Obduktion ergab einwandfrei eine Staublunge. Da aus dem gleichen Betrieb bereits einige Arbeiter an Staublunge verstorben waren, wurden Erhebungen im Betriebe vorgenommen. Die Schleiferei war nicht anders als andere Schleifereien. Dagegen waren Mißstände bezüglich der Arbeitszeit aufgetreten. Im Jahre 1925 hatte die Arbeiterschaft anstatt der bisher üblichen anderthalbstündigen Mittagspause die Verküzung auf eine halbe Stunde gefordert. Trotz des Widerspruches des Betriebsleiters und des Gewerberates wurde diese Forderung vom Schlichter genehmigt. Außerdem wurden wiederholt Überstunden gemacht bis zu zehn Stunden. Ferner waren die Arbeiter bestrebt, einen hohen Akkord zu verdienen; sie rauhten daher die Steine öfter auf, so daß der Steinverbrauch in diesem Jahr ganz besonders hoch war.

Durch eine Pausenverkürzung scheint die Reinigung der Lunge wesentlich behindert zu werden, sie dürfte zu dem Entstehen schwerer Lungenveränderungen beitragen. Die Einführung von „Lungenturnen", d. h. Atemübungen, kann vielleicht bewirken, daß eine schwere Staublunge langsamer entsteht und daß der Funktionsausfall nicht so schnell in Erscheinung tritt. Aus dem gleichen Betrieb sind in letzter Zeit noch weitere 4 Arbeiter an schnell verlaufenden Staublungen verstorben.

Der Fall 83 ist insofern interessant, als er anscheinend bei dem Verladen des für das Gesteinstaubverfahren nötigen Staubes entstanden ist. Das Röntgenbild zeigt eine gewisse Ähnlichkeit mit dem Bild der Asbeststaublunge, das dadurch entsteht, daß sich die einzelnen Teichen erst allgemein im Lungengewebe verteilen und dadurch eine diffuse Bindegewebsvermehrung verursachen im Gegensatz zu der mehr knotigen Anordnung der Verdichtung bei der eigentlichen Silikose. Vielleicht beruht diese Anordnung auf der Beimengung toniger Teile. An sich soll der Staub nicht über 50% freie Kieselsäure enthalten, ein Prozentsatz, der zum Zustandekommen einer Staublunge durchaus genügt.

Der Fall 84 zeigt das Auftreten von Atembeschwerden, bevor es zu der Vermehrung des Bindegewebes kommt.

Dritter Teil.

Schlußbetrachtungen.

Durch die vorstehende Zusammenstellung dürfte der Beweis erbracht sein, daß die Funktionsstörung bei der Silikose nicht mit den röntgenologisch sichtbaren Veränderungen parallel zu gehen braucht. Daraus ergibt sich, daß die Schwere der Erkrankung im versicherungsrechtlichen Sinn durch den Ausfall der Funktion bedingt ist und von dem röntgenologischen Befund unabhängig ist. Dabei soll die Bedeutung der Röntgenuntersuchung in keiner Weise herabgesetzt werden, im Gegenteil, sie ist nach wie vor für die Diagnose der Silikose unbedingt nötig, sie kann im allgemeinen aber keine Auskunft über die Schwere der Erkrankung geben. Diese wird in erster Linie durch die Funktionsprüfung festzustellen sein.

Dadurch werden zweifellos an die Sachkenntnis und Erfahrung des untersuchenden Arztes sehr erhebliche Anforderungen gestellt, er wird sich nicht mit der Betrachtung des Röntgenbildes begnügen dürfen. Ebenso ist es ausgeschlossen, daß eine Staublunge als Berufskrankheit im Sinne der Verordnung über die Ausdehnung der Unfallversicherung auf Berufskrankheiten vom 11. Febr. 1929 nur auf Grund des Röntgenberufes anerkannt oder abgelehnt wird. Dieser Standpunkt, den ich seit Inkrafttreten der genannten Verordnung vertrete, hat aber bisher noch keine Allgemeingültigkeit erlangen können, bei der Bearbeitung der Krankmeldungen an Staublunge wird immer wieder die gegenteilige Ansicht vertreten. Man kann dafür ins Treffen führen, daß nur die Silikose als Berufskrankheit gelten soll, d. h. die Verdichtung des Bindegewebes, die auf dem Röntgenschirm sichtbar ist und bei der Obduktion in der Form von ausgedehnten knotigen Verdickungen des Bindegewebes in die Erscheinung tritt. Dieser Standpunkt dürfte aber nicht haltbar sein, da dies der einzige Fall im Versicherungsrecht wäre, in dem das anatomische Bild und nicht der Funktionsverlust als Grundlage der Beurteilung angesehen wird. Der anatomische Befund sagt aber, wie aus meinen Ausführungen hervorgeht, nichts über den Funktionsausfall.

Fragen wir uns nun, ob es nicht doch Veränderungen des Röntgenbildes gibt, die in dem von mir ausgeführten Sinne verwertet werden können, so wird dabei auf die Anzeichen zu verweisen sein, die im Röntgenbild eine deutliche Beeinträchtigung der Funktion beweisen. Dies sind in erster Linie die Schrumpfungserscheinungen. Sagen sie auch nicht mit absoluter Sicherheit, daß die Funktion wesentlich behindert ist, so gehen sie doch einen Anhaltspunkt dafür, daß der Aufbau der Lunge wesentlich verändert ist und erhebliche Teile entweder ausgeschaltet sind oder doch in Gefahr stehen, ausgeschaltet zu werden, so daß die Lunge nicht mehr ausreicht. Es werden also die zeltförmigen Ausziehungen der Lunge, die nach Reichmann durch die Schrumpfung und nicht durch Verwachsungen entstehen, stets auf eine schwere Staublunge hinweisen, ebenso die „Regenstraßen", die ich in meinem Material nur selten beobachten konnte, wie oben bereits ausgeführt ist. Ein wichtiges Kennzeichen ist das Auftreten einer Lungenblähung, die sich durch erhöhte Lichtdurchlässigkeit bemerkbar macht. Sie vermag kleinere Verdichtungen zu überdecken. Man kann mit Sicherheit sagen, daß ein Emphysem ein Zeichen einer erheblichen Einschränkung der Funktion ist. Im ganzen muß man sich darüber klar sein, daß die funktionierenden Teile der Lunge im Röntgenbild nicht sichtbar sind, und daß deshalb die Funktionsprüfung von ausschlaggebender Bedeutung ist.

Schrumpfungen und Emphysem sind erst sekundär entstanden, erstere ist Folge der Bindegewebsvermehrung und der anschließenden narbigen Schrumpfung, das Emphysem ist Folge der Einschränkung der Atmungsfunktion. Wir haben gesehen, daß die Atmungsbehinderung nicht Folge der silikotischen Bindegewebsvermehrung sein kann, da ein Zusammenhang offenbar nicht besteht.

Es muß also eine andere Ursache für die Atemnot gesucht werden. Das Emphysem ist als sekundäre Erscheinung einerseits von der Entwicklung des Bindegewebes und die dadurch bedingte Beschränkung der Ausdehnungsfähigkeit der Lunge, andererseits von der Anstrengung bei bestehender Atemnot abhängig. Es kann, wie aus klinischer Erfahrung bekannt ist, im Anschluß an einen chronischen Bronchialkatarrh entstehen; ein Bronchialkatarrh gehört aber im ganzen nicht zu dem Bilde einer Staublunge und wurde auch bei den untersuchten Fällen ziemlich selten festgestellt. Es kann ferner wie bei dem genuinen Asthma durch Spasmen der Bronchiolen entstehen. Man könnte daran denken, daß auch der Quarzstaub eine derartige Reizung der feinsten Bronchiolen hervorrufen kann. Eine derartige Reizung würde dann anfallsweise auftretende Atemnot bedingen, die ihrerseits auch nicht in das Bild der Staublunge gehört. Vielmehr ist die Atemnot bei Staublunge ziemlich konstant, sie kann natürlich durch eine akute Erkrankung vermehrt werden, bietet aber dann immer noch nicht das klinische Bild des Asthmas dar. Das Auftreten typischer Asthmaanfälle spricht gegen das Bestehen einer schweren Silikose, auch in der Vorgeschichte der Silikose ist anfallsweise auftretende Atemnot nicht erwähnt, wenn auch häufig über eine Verschlimmerung der Beschwerden bei Witterungsumschlag oder Nebel geklagt wird. Ein mehr lokales Emphysem tritt nach Tendeloo (59) auf, wenn durch Behinderung der Bewegungsfähigkeit das Lungengewebe gezerrt und in seiner Ausdehnungsfähigkeit behindert wird. So geringe kleinknotige Veränderungen, wie sie die obduzierten Fälle gezeigt haben (Fall 41 und 81) können nicht eine derartige Zerrung bewirken, oder ein über die ganze Lunge ausgedehntes oder doch so hochgradiges Emphysem hervorrufen, daß eine schwere Atemnot dadurch entsteht. Vielmehr wird das Emphysem mehr örtlich beschränkt bleiben. Wenn man also ein durch die Bindegewebsvermeh-

rung verdecktes Emphysem im ganzen als Ursache nicht mit Sicherheit
ausschließen kann, so erscheint es doch nicht sehr wahrscheinlich, daß
in einem Fall geringe silikotische Veränderungen ein ausgedehntes
Emphysem hervorrufen sollten, im andern Fall dagegen eine sehr stark
vorhandene Bindegewebsvermehrung ohne Emphysem einhergehen
sollte. An der Tatsache, daß Röntgenbefund und Funktion sehr erheblich voneinander abweichen können, scheitert jeder Versuch, den Funktionsausfall auf anatomische, im Röntgenbild oder an der Leiche wahr-
nehmbare Veränderungen zurückzuführen. Es bleibt also nur übrig,
die Funktionsstörung im Funktionsgewebe selbst zu suchen.

Bei der Atemnot und der damit verbundenen Stauung ist offenbar
der Gasaustausch in der Lunge irgendwie behindert. Das Hindernis
kann nicht daran liegen, daß zu viele Lungenbläschen verödet oder sehr
stark emphysematös gedehnt sind, es wird, wie ich oben ausgeführt
habe, entweder in den Lungenkapillaren oder im Alveolarepithel liegen.
Man könnte an eine Verdickung der Kapillarwand denken. Ob dies der
Fall ist, vermag ich nicht zu sagen. Husten (23) erwähnt sie in seinem
Werk nicht ausdrücklich, wenn er auch sagt, daß es Silikosen ohne erhebliche Bindegewebsvermehrung gibt, und er auch nur das Gewebe um
Arterien und Bronchien als vermehrt bezeichnet. Diese Frage wäre
durch anatomische Untersuchung zu klären.

Die letzte Möglichkeit ist eine Funktionsstörung des atmenden
Lungengewebes. Bekanntlich ist das normale Alveolarepithel nur $2{,}5\,\mu$
dick (Schjerning, 50). Wenn auf dieses zarte Epithel sich ein Stäubchen
von gleichem oder noch größerem Durchmesser auflagert, so wird eine
Reizung auftreten. Der Körper wird darauf mit den gewöhnlichen
Abwehrmaßregeln antworten. Er wird Freßzellen aussenden, um den
Fremdkörper zu entfernen. Bekanntlich wird aber Quarz viel weniger
energisch von den Zellen aufgenommen als Kohle, wie er ja auch von
den Zellen viel schneller abgegeben wird. So wird sich der Quarzstaub
entsprechend länger in den Alveolen aufhalten. Dort liegt er aber nicht
ruhig. Bei der Atmung findet eine Ausdehnung und Wiederzusammen-
ziehung der Alveolen statt. Dabei wird der Staub bewegt, das Staub-
teilchen reibt auf der Alveolarwand, dabei übt es einen Reiz aus, die
diese mit Abwehr beantwortet. Ob eine ödematöse Schwellung der
Zelle auftritt oder ob sich ihre Membran verdichtet, kann nicht gesagt
werden, nach der Analogie der sonstigen Abwehrvorgänge treten auch
hier Veränderungen auf, die natürlich nur einzelne Zellen befallen und
im anatomischen Bild nicht zu erkennen sind, da sie zum Teil funktionell
sind. Sie gleichen die Reizung aus, werden aber durch die Veränderungen den Gasaustausch behindern, weil sie dem Durchtritt der Gase
einen vermehrten Widerstand entgegensetzen. Es entsteht also vermut-
lich die von Breuer (vgl. oben) vermutete „Pneumonose". Daß eine
derartige Wirkung bei nichtquarzigen Staubarten nicht so leicht
entsteht, liegt darin begründet, daß diese infolge leichterer Löslichkeit
oder größerer Affinität zu den Freßzellen nicht solange in unmittel-
barer Berührung mit dem Atmungsepithel bleiben.

Diese Funktionsstörungen und die vielleicht vorhandenen ganz geringen Veränderungen kann man natürlich bei der Obduktion nicht nachweisen, auch der Tierversuch kommt hier kaum in Frage. Infolgedessen ist es mir nicht möglich, Beweise für die aufgestellte Theorie zu erbringen. Die von Husten nach dem anatomischen Bild und von mir in dem klinischen Befund festgestellten Differenzen zwischen anatomischen und funktionellem Befund lassen sich durch die Annahme einer Funktionsstörung des Atmungsepithels am leichtesten erklären. Für die Bestimmung der Funktionsstörungen durch die Staublunge, die ja, wie wir gesehen haben, das wichtigste Kriterium für die Feststellung der schweren Staublunge sind, kann man vielleicht auch die neuen Forschungen über das Säurebasengleichgewicht heranziehen. Die Arbeiten aus der medizinischen Klinik in Lausanne von Michaud und Rossier (63) haben ergeben, daß bei Emphysem durch eine Bestimmung der Kohlensäure einerseits, der Azidose andererseits feststellen läßt, wieweit durch das Leiden eine Lungeninsuffizienz eingetreten ist und wieweit diese durch die Reaktion und Anpassung des Organismus an die veränderte Lungenfunktion beeinflußt ist. Man kann so die anatomische (statische) der funktionellen (dynamischen) Diagnose des Emphysems gegenüberstellen.

Die Veränderung des Gleichgewichts zwischen Säure und Base ist bei Emphysem nach Michaud-Rossier eine direkte Folge der Anhäufung von CO_2, sowie von der Verminderung des O in der Luft der Lungenalveolen. Durch die Luftstauung in den Alveolen entsteht eine Verlangsamung des Gasaustausches, die CO_2-Spannung nimmt zu. Um die Kohlensäurewirkung auszugleichen, hält der Organismus seine Basen zurück. Außerdem tritt das Bestreben auf, die Sauerstoffkapazität des Blutes durch Vermehrung des Blutfarbstoffes und der roten Blutkörperchen zu erhöhen. Es ist dies als Anpassung des Organismus an die verminderte Sauerstoff- und erhöhte Kohlensäurespannung in der Alveolarluft aufzufassen. Auf diese Art können die funktionellen Störungen des Lungenemphysems durch „humorale Kriterien" festgestellt werden. Es erscheint mir lohnend, auch bei der Staublunge, bei der die Funktionsstörungen denen des Emphysems sehr ähnlich sind, zu versuchen, ob wir für die durch die Staublunge bedingten Funktionsstörungen auch derartige Störungen des Säurebasenstoffwechsels feststellen können, die uns bei der Beurteilung der schweren Staublunge auch Werte nach Maß und Zahl in die Hand geben.

Die vorstehenden Ausführungen sind aber nicht so aufzufassen, als ob ich der Bindegewebsvermehrung jeden Anteil an der Funktionsstörung absprechen wollte. Die Möglichkeit ist durchaus gegeben, bei schweren Verdichtungen und Schrumpfungen sind sie sicher beteiligt, aber sie ist zur Erklärung des Zustandekommens der Atmungsstörungen nicht unbedingt notwendig.

Also würde die Röntgenaufnahme ohne jede Bedeutung sein? Durchaus nicht! Wir haben in der Bindegewebsvermehrung einen sicheren Indikator für die Einwirkung von Quarzstaub. Man könnte ihre Bedeutung etwa mit der der punktierten roten Blutkörperchen bei Bleivergiftung in Parallele stellen. Auch diese sind Reaktion auf die Einwirkung, sie rufen aber die Erkrankungszeichen der Bleivergiftung nicht hervor. Wenn die Veränderungen der Silikose vorliegen, so steht die Einwirkung von Quarzstaub fest; wenn sie aber nicht vorhanden ist, ist theoretisch damit nicht unbedingt gesagt, daß keine Staublunge besteht. Praktisch wird sich dann aber nie der Beweis dafür erbringen lassen. Wenn aber eine verhältnismäßig geringe, aber sichere Staublungenveränderung besteht und dabei gleichzeitig Atemnot vorliegt, so kann man nicht von vornherein sagen, daß die Veränderungen zu gering für die Erklärung der Funktionsstörung sind, und daher eine schwere Staublunge nicht anzunehmen ist. Es wird dann durch genaue Untersuchung eine andere Ursache für die Atemnot ausgeschlossen werden müssen. Diese Fälle werden dann auch auf eine ganz geringe Zahl beschränkt sein, die man als Grenzfälle bezeichnen kann. Meist liegt ein Parallelgehen der klinischen und der anatomischen Veränderungen vor. Und auch in den wenigen Fällen, in denen man zweifelhaft sein kann, wird die verderbliche Neigung der Silikose, auch nach dem Ausscheiden aus der schädigenden Umgebung sich weiter zu entwickeln, bald eine Klärung herbeizuführen. Auf dieser Erwägung fußt auch das Urteil des Reichsversicherungsamtes vom 5. Jan. 1932 (45): „Ist eine Entschädigung für eine Staublunge abgelehnt, weil es zur Zeit der Antragstellung nur eine mittlere Staublunge war, so schließt es die Entschädigungspflicht nicht aus, wenn später eine Verschlimmerung eintritt und die Steinstaublunge, obgleich der Beruf nach der ersten Antragstellung auf Entschädigung nicht weiter ausgeübt worden ist, zu einer solchen schweren Grades geworden ist“, — eine Entscheidung, die eigentlich nur eine Selbstverständlichkeit ausspricht.

So ist die praktische Bedeutung der theoretischen Erörterungen über die Entstehung der Funktionsstörungen bei der Steinstaublunge nicht besonders groß. Das Röntgenbild wird immer für die Beurteilung, ob überhaupt Silikose besteht, von ausschlaggebender Bedeutung sein. Abzulehnen ist dagegen der Standpunkt, daß die Schwere der Erkrankung ausschließlich oder wesentlich nach den anatomischen Veränderungen beurteilt wird.

Die wesentliche Bedeutung der vorstehenden Erörterungen liegt vielmehr auf einem ganz andern Gebiet. Bisher stand man bezüglich der subjektiven Vorbeugung und der Heilbarkeit der Staublunge auf einem fatalistischen Standpunkt. Wenn Staublungenveränderungen vorhanden waren, so wußte man, daß sie sich immer weiter ausdehnen werden, und man konnte sich nicht vorstellen, daß durch irgendwelche therapeutischen Maßregeln eine Beeinflussung des Bindegewebswachstums und der anschließenden Schrumpfung verhindert werden konnte. Man suchte die Entstehung der Staublunge nur durch die Bekämpfung des beim Bohren entstehenden Staubes zu verhindern. Die Bemühungen auf diesem Gebiet sind in dem Bericht des Ausschusses zur Bekämpfung des beim Bohren entstehenden Gesteinsstaubes (64) zusammengefaßt. Natürlich wird auch auf diesem Gebiet immer weiter gearbeitet werden müssen, und wenn es gelingen sollte, den Gesteinsstaub beim Bohren restlos zu beseitigen, so ist das Wesentliche für das Verschwinden der

Staublunge im Bergbau getan. Ebenso wird auch durch den möglichst weitgehenden Ersatz des Sandsteins durch Kunststein in der Schleiferei, sowie durch sonstige, dem Einzelfall angepaßte Methoden die Entstehung von quarzhaltigem Staub verhütet werden müssen. Dies Vorgehen wird auch weiter im Vordergrund der Bestrebungen stehen müssen. Aber daneben ist es erforderlich, daß auch auf die Vorbeugung beim einzelnen größerer Wert als bisher gelegt werden muß. Natürlich werden wir die Bindegewebsschrumpfungen in der Lunge nicht beseitigen können, es erscheint mir aber sehr wohl möglich, den Funktionsstörungen bereits vor ihrem Entstehen entgegenarbeiten zu können. Es wird sich dabei darum handeln, die Funktion der Lunge nach Möglichkeit zu steigern und alle Mittel anzuwenden, die die Kapazität und Dehnbarkeit der Lungen heraufsetzen. Ich denke hier z. B. an die sportliche Betätigung. Namentlich wirkt der Schwimmsport, sowie auch der Wintersport in dieser Hinsicht besonders gut; daneben aber auch alle Sportarten, die zu ihrer Betätigung im Freien ausgeübt werden, wie Leichtathletik, Fuß- oder Handball. Auch das Wandern am Sonntag oder während des Urlaubs sollte nachdrücklich gefördert werden.

In gleichem Sinne dürfte auch die Arbeitszeitverkürzung wirken, wenn sie in Verbindung mit der Stadtrand- und Kleinsiedlung durchgeführt wird. Hier können die schädlichen Einwirkungen des Staubes durch die Arbeit im eigenen Garten wirksam bekämpft werden.

Ebenso halte ich das bereits oben erwähnte Vorgehen eines Kreisarztes in meinem Bezirk nachahmenswert. Wie bereits oben ausgeführt ist, hat dieser versucht, durch eine Verlängerung der Arbeitspausen in Verbindung mit Lungengymnastik und Übungen im Tiefatmen die Tätigkeit der Lunge anzuregen und zu kräftigen. Vielleicht wird auf diese Weise auch eine bessere Selbstreinigung der Lunge erzielt. Alle diese Wege werden beschritten werden müssen, um den bei der Staublunge bestehenden Funktionsstörungen vorzubeugen; wenn dagegen bereits Störungen der Atmung bestehen, wird man sich von ihnen nicht allzuviel Wirkung versprechen können.

Hier dürften aber therapeutische Versuche, die bisher immer unterblieben sind, vielleicht doch nicht ganz aussichtslos sein. Vielleicht dürften zweckmäßig unter dem Gesichtspunkt des „Lungentrainings" geleitete Kuren in Erholungsheimen versucht werden können. Ob eine medikamentöse Therapie Aussicht auf Erfolg haben kann, vermag ich nicht zu beurteilen. Ich möchte aber in diesem Zusammenhang auf die Arbeit von Veilchenblau (58) hinweisen, der Staublungen mit Natr. cacodylicun behandelt.

Das Wesentliche ist, daß man neben der unbedingt notwendigen Sanierung der Arbeitsstätte die Staublungenbedrohten auf die persönliche Prophylaxe hinweist und alle dahin gerichteten Bestrebungen fördert. Auch sollen die praktischen und Lungenfachärzte, ebenso wie die Fürsorgestellen nicht die Hände in den Schoß legen, wenn sie eine beginnende Staublunge feststellen, sondern sie sollen versuchen, die Funktion der Lunge durch geeignete Maßregeln möglichst lange zu erhalten.

Zusammenfassung.

1. Bei der schweren Steinstaublunge im Sinne der Verordnung über die Ausdehnung der Unfallversicherung auf Berufskrankheiten ist die Beurteilung von der Funktionseinschränkung und nicht vom Röntgenbild abhängig zu machen.

2. Die Funktionseinschränkung bei der schweren Staublunge ist nicht von der Bindegewebsvermehrung abhängig.

3. Die anatomischen und funktionellen Befunde gehen in den meisten Fällen parallel, doch sind auch erhebliche Differenzen nicht selten.

4. Die anatomische Veränderung ist ein Beweis, daß die Lunge der Einwirkung von Quarzstaub in erheblichem Maße ausgesetzt war.

5. Die Ursache der Funktionsstörung bei der Silikose liegt im Funktionsgewebe, sie ist daher im Röntgenbild nicht zu erkennen.

6. Neben der Sanierung des Arbeitsplatzes ist auch die persönliche Prophylaxe zu fördern.

7. Im Beginn einer Staublunge kann durch entsprechendes aktives Vorgehen die Funktion der Lunge vielleicht noch erhalten werden.

Literatur.

1. Baader: Gewerbekrankheiten. Berlin: Urban-Schwarzenberg 1931.

2. Bauer, Engel, Koelsch, Krohn: Die zweite Verordnung über die Ausdehnung der Unfallversicherung auf Berufskrankheiten vom 11. Febr. 1929. Berlin: Arbeit und Gesundheit 1929.

3. Beintker: Die schwere Staublunge im Sinne der Reichsversicherungsordnung. Med. Welt 1929.

4. Beintker: Asbeststaublunge. Arch. Gewerbepath. Bd. 2, Heft 3/4.

5. Beintker-Jötten: Untersuchungen in Sandstrahlgebläsen und Gußputzereien. Beil. z. Reichsarb.bl. 1931 Nr. 30.

6. Böhme: Pneumokoniose der Bergarbeiter im Ruhrbezirk. Fortschr. Röntgenstr. Bd. 33 (1925) H. 1.

7. Böhme: Staublunge der Bergarbeiter, besonders in ihrer Beziehung zur Tuberkulose. Klin. Wschr. 1926 Nr. 27.

8. Böhme: Klinik der Silikose (IV. Reunion de la Commission internat. perm. pour les maladies professionnelles). Lyon 1929.

9. Böhme: Staublunge im Röntgenbild. Fortschr. Röntgenstr. Bd. 38 Heft 6.

10. Böhme: Staublunge aus: Ärztl. Merkbl. f. Berufserkr. Schr. a. d. Gesamtgebiet d. Gewerbehyg. Heft 26 (1930).

11. Böhme: Gewerbliche Staublungenerkr. Beih. 15 Zbl. Gewerbehyg. Julius Springer 1929.

12. Böhme: Silikosekonferenz in Johannisburg 1930. Reichsarb.bl. II 67 (1931) Heft 10.

13. Böhme-Lucanus: Nachuntersuchung von Staubkranken. Dtsch. med. Wschr. Nr. 38 (1926).

14. Böhme-Lucanus: Verbreitung von Staubveränderungen bei arbeitenden Gesteinshauern. Zbl. Gewerbehyg. Nr. 8/9 (1926).

15. Böhme-Lucanus: Staublunge. Beih. Z. Gewerbehyg. 1930.

16. Coppa: Anat. path. e. clin. d. malatte resp. da Inalazione di polveri. Ref. med. Bd. 46 (1930) Heft 41 (ref. Arch. Tuberk. 1931).

17. v. Döhren: Klinik der Staublunge. Beih. 15 Zbl. Gewerbehyg. 1929.

18. Feil: Andrée. Silicose pulmon. Presse méd. Heft 73 (1930), ref. Zbl. Tbk.forsch. Bd. 59 Heft 2/3.

19. Frick: Staublunge als entschädigungspflichtige Berufskrankheit. Berlin 1929.

20. Giese: Quarzstaub, Schwielenlunge, Lungentuberkulose. Jena: Fischer 1931.

21. Holtzmann: Erfahrungen über Staublungen. Zbl. Gewerbehyg. 1930 Heft 11.

22. Holtzmann: Lungentuberkulose der Staubarbeiter, namentlich der Sandsteinhauer. Festschrift 1925.

23. Husten: Staublungenerkrankung der Bergleute im Ruhrkohlenbezirk. Jena: Fischer 1931.

24. Ickert: Disposition zur Staublunge usw. Z. Tbk.forsch. Bd. 60 (1931) Heft 2.

25. Ickert: Staublunge und Lungentuberkulose. Erg. Tbk.forsch. Bd. 3 (1931) S. 431ff.

26. Jötten: Gewerbestaub und Lungentuberkulose. Fortschr. naturwiss. Forsch. 1931 Nr. 33.

27—29. Jötten: Gewerbestaub und Lungentuberkulose. Verl. Springer 1929, 1930, 1931.

30. Kaestle-Koelsch: Staublungenerkrankungen. Beil. Reichsarbbl. 1929 Nr. 26.

31. Koelsch: Staublungen in der Schamotteindustrie. Reicharb.bl. Teil 3 (1932) Heft 1 S. 14.

32. Kriene, E.: Nachuntersuchung bei niederschlesischen Steinarbeitern. Reichsarb.bl. Teil 3 Heft 1 S. 16.

33. Koch: Acute Silikose. Vortr. Ges. f. path. Anat. Berlin, 26. Juni 1930. Ref. Dtsch. med. Wschr. 1930 S. 1983.

34. Landau: Röntgenbild der Staublunge bei Steinarbeitern mit Bemerkungen zur Einteilung der Silikose. Fortschr. Röntgenstr. Bd. 43 S. 188ff.

35. Linck: Tabellen zur Gesteinskunde. Jena: Fischer 1902.

36. Litinski: Schamotte und Silika. Leipzig: Spamer 1925.

37. Lochtkemper siehe Teleky.

38. Lochtkemper: Versuche zur Differentialdiagnose der Silikose aus dem Röntgenbild. Arch. Gewerbepath. Bd. 1 (1930) S. 273.

39. Löwy: Klinik der Berufskrankheiten. Wien-Breslau: Haim 1925.

40. May: Staublunge und Tuberkulose. Beitr. Klin. Tbk. Bd. 74 (1930) S. 433.

41. May-Petri: Beiträge der Frage der Pneumokoniose. Beitr. Klin. Tbk. Bd. 58 (1924) Heft 2.

42. Menzel: Probleme der Pneumokoniose. Beitr. Klin. Tbk. Bd. 74 (1930) S. 407.

43. Reichmann: Begutachtung der Silikose. Beih. 15 Zbl. Gewerbehyg. 1929.

44. Reichmann: Entwicklung der Silikose usw. Beitr. Klin. Tbk. Bd. 74 (1930) S. 452.

45. Reichmann: Diagnose und Begutachtung der Silikose. Heft z. Unfallheilkde, Berlin 1931.

46. Reichsversicherungsamt, Entscheidung vom 20. Okt. 1930.

47. Reichsversicherungsamt, Entscheidung vom 25. Febr. 1930.

48. Reichsversicherungsamt, Entscheidung vom 5. Jan. 1932.

49. Rosenbusch-Osann: Elemente der Gesteinskunde.

50. Rosenthal-Deussen, Landau, Rosenthal: Stauberkrankung in der Steingutindustrie. Arch. Gewerbepath. Bd. 2 (1931) Heft 4.

51. Silikosekonferenz Johannisburg siehe Böhme.

52. Singer: Keramik. Braunschweig: Vieweg 1923.

53. Schjerning: Probleme der Cyanose und des Begriffs der Pneumonose. Beitr. Klin. Tbk. Bd. 50 (1922) S. 76.

54. Stetter: Beiträge zur Frage der Staublungenerkrankung. Beitr. Klin. Tbk. Bd. 76 S. 724.

55. Sternberg: Berufskrankheiten der Lunge aus Hdb. soz. Hyg. Bd. 2 S. 486. Julius Springer 1926.

56. Teleky: Bericht über die Ergebnisse der Staubuntersuchungen in England, seinen Dominions und Amerika. Arb. u. Gesdh. Heft 7 (1928).

57. Teleky, Rosenthal-Deussen, Lochtkemper, Derdack: Erhebungen über Schleiferlungen in Solingen. Arb. u. Gesdh. Heft 14 (1929).

58. Teleky: Neuere Anschauungen über Staubschädigungen. Reichsarb.bl. III Nr. 26 (1930) S. 229.

59. Tendeloo: Studien über Entstehung und Verlauf der Lungenkrankheiten. Berlin: Bergmann 1931.

60. Thiele-Saupe: Staublungenkrankheiten der Sandsteinarbeiter.

61. Preuß: Grubensicherheitsamt. Bericht über Kohlenstaubbekämpfung. Berlin 1931.

62. Veilchenblau: Behandlung der Silikose. Münch. med. Wschr. Heft 7 (1932) S. 239.

63. Michaud-Rossier: Pathogenese und Therapie von Störungen des Säure-Basengleichgewichtes bei verschiedenen Erkrankungen. Jkurse ärztl. Fortbildg 1932 Heft 3.

64. Bekämpfung des Bohrstaubes im Bergwerksbetrieb. Z. Berg-, Hütt.- u. Sal.-Wesen 1931 Bd. 19 S. 357 ff.

Verlag von Julius Springer / Berlin

(Schriften aus dem Gesamtgebiet der Gewerbehygiene.)

Heft 27: **Die soziale Hygiene in der badischen Bürstenindustrie.** Von Dr. **Artur Brandt,** Mühlhausen i. Thür. 59 Seiten. 1930. RM 7.80*

Heft 28: **Ärztliche Merkblätter über berufliche Erkrankungen** unter besonderer Berücksichtigung der Verordnung des Reichsarbeitsministers vom 11. Februar 1929 über Ausdehnung der Unfallversicherung auf Berufskrankheiten. Dritte Auflage. Unter Mitarbeit von Prof. Dr. Beck, Heidelberg; Gewerbemedizinalrat Dr. Beintker, Münster i. W.; Prof. Dr. Best, Dresden; Prof. Dr. Böhme, Bochum; Prof. Dr. Bruns, Gelsenkirchen; Prof. Dr. Chajes, Berlin; Prof. Dr. Holtzmann, Karlsruhe; Direktor Dr. Martius, Berlin; Dr. Ruge, Hamburg; Dr. Schultz, Charlottenburg; Professor Dr. Schwarz, Hamburg; Geheimrat Prof. Dr. Thiele, Dresden, herausgegeben von den **Fabrikärzten der chemischen Industrie.** Mit 12 Abb. im Text und 2 Tafeln. IV, 130 Seiten. 1930. RM 10.50*

Heft 29: **Toxikologie und Hygiene des Kraftfahrwesens.** (Auspuffgase und Benzine.) Von Prof. Dr. med. **E. Keeser,** Direktor des Pharmakol. Instituts der Universität Rostock, früherem Regierungsrat, Dr. phil. **V. Froboese,** Regierungsrat, Dr. phil. **R. Turnau,** Regierungsrat (im Reichsgesundheitsamt) und Prof. Dr. med. **E. Groß,** Dr. phil. **E. Kuß,** Dr. phil. **G. Ritter,** Prof. Dr.-Ing. **W. Wilke** (von der I. G. Farbenindustrie A.-G. Oppau und Ludwigshafen a. Rh.). Mit 23 Textabbildungen und 1 Tafel. VIII, 106 Seiten. 1930. RM 10.50*

Heft 30: **Das Gewerbeekzem.** Pathogenese. Diagnose. Versicherungsrechtliche Stellung. Von Privatdozent Dr. **Rudolf L. Mayer,** Breslau. Mit 2 Abbildungen. IV, 89 Seiten. 1930. RM 7.50*

Heft 31: **Das Augenzittern der Bergleute.** Seine soziale Bedeutung, Ursache, Häufigkeit und die durch das Zittern bedingten Beschwerden. Von Professor Dr. **M. Bartels,** Chefarzt der Städtischen Augenklinik Dortmund, und Dr. med. **W. Knepper,** Essen-Bredeney. Mit 19 Abbildungen. V, 49 Seiten. 1930. RM 6.90*

Heft 32: **Die Unfall- und Gesundheitsgefahren der Kältemaschinen.** Unter Mitwirkung von Gewerberat Blatter-Berlin bearbeitet von **J. Wenzel,** Oberregierungs- und -gewerberat, Berlin. Mit 25 Abbildungen. IV, 74 Seiten. 1930. RM 6.90*

Heft 33: **Der Verlauf der Staublungenerkrankung bei den Gesteinshauern des Ruhrkohlengebietes.** Von Prof. Dr. **A. Böhme,** Bochum, und Dr. med. **C. Lucanus,** Wanne-Eickel. Mit 49 Abbildungen. III, 147 Seiten. 1930. RM 18.—*

Heft 34: **Die Verhütung von Staubexplosionen.** Ein Merkbuch für jeden Betriebsleiter. Von **Walter H. Geck,** Darmstadt. Mit 16 Abb. V, 67 S. 1931. RM 6.90*

Heft 35: **Die Verhütung von Gesundheitsschädigungen durch Anklopfmaschinen.** (Die Verhütung der Anklopferkrankheit.) Bearb. von Dr. **H. Gerbis,** Gewerbemedizinalrat in Berlin, **A. Gros,** Direktor des Württ. Gewerbe- und Handelsaufsichtsamtes Stuttgart, Dr. **F. K. Meyer-Brodnitz,** Leiter der gewerbehyg. Abt. beim Vorstand des Allgem. Deutschen Gewerkschaftsbundes, Berlin, Dipl.-Ing. **J. Robinson †,** Techn. Aufsichtsbeamter der Bekleidungsindustrie-Berufsgenossenschaft, Berlin. Mit 10 Abbildungen. 35 Seiten. 1931. RM 3.60

Heft 36: **Internationale Übersicht über Gewerbekrankheiten** nach den Berichten der Gewerbeaufsichtsbehörden der Kulturländer über die Jahre 1927 bis 1929. Bearbeitet von Prof. Dr. **Ernst Brezina,** Wien. VI, 162 S. 1931. RM 12.—

Heft 37: **Arbeitsmedizinische Studien** in Nord-Amerika und Süd-Afrika. Von Professor Dr. **Franz Koelsch,** Ministerialrat, München. V, 210 S. 1931. RM 14.50

Heft 38: **Die Unfall- und Gesundheitsgefahren in der Steinkohlenteerdestillation** nebst einigen Vorschlägen zu ihrer Bekämpfung. Von Dr. phil. Dr. med. h. c. **H. Leymann,** Geh. Oberregierungsrat, Berlin. Mit 2 Abbildungen. 39 Seiten. 1932. RM 3.60

Heft 39: **Gewerbestaub und Lungentuberkulose.** Dritter Teil: (Kalkstein-, Quarzschamotte-, Schamotte-, Thomasschlacken-, Bleiweiß-, Baumwolltextil-Staub und Kühnsches Lungenpulver). Von Professor Dr. med. **K. W. Jötten,** Münster i. W. Mit 55 Abbildungen. VI, 169 Seiten. 1932. RM 29.60

Heft 40: **Die Beiz-, Lackier- und Polierverfahren für Holz,** ihre Gesundheitsgefahren und deren Verhütung. Bearbeitet von Oberregierungs- und -gewerberat **J. Wenzel,** Berlin. Mit einem Beitrag: Über einige Beiz-, Lackier- und Poliermittel, ihre Zusammensetzung und physiologische Wirkung. Von Dr. Hans H. Weber und Dipl.-Ing. W. Gueffroy, Gewerbehygienisches Laboratorium des Reichsgesundheitsamtes Berlin. V, 44 Seiten. 1932. RM 3.90

Heft 41: **Die Staubbeseitigung und Geräuschbekämpfung in Schotterbetrieben.** Bearbeitet von Regierungs- und Gewerberat **O. Wittgen,** Koblenz. Mit 55 Abbildungen. IV, 56 Seiten. 1932. RM 7.80

Heft 42: **Praktische Fragen aus dem Gebiete des Augenzitterns der Bergleute.** Von Prof. Dr. **J. Ohm,** Augenarzt in Bottrop (Westf.). Mit 42 Abbildungen. III, 63 Seiten. 1932. RM 6.60